前言

员工的职业能力对于企业的发展、腾飞具有至关重要的影响。一个企业，若是不具备一支职业能力过硬的员工队伍，就很难在激烈的市场竞争中占有一席之地。

因此，提升员工职业能力、构建员工职业能力提升体系已然成为企业拥有持续竞争优势、长期稳定发展的一项必备措施。

“职业能力提升系列”针对职场中广泛应用并受到普遍重视的七种员工职业能力，进行全方位地图解展示，教方法、讲步骤、传技巧、给工具、拓思路、举案例，让读者可以拿来即用，一点就通，一学就会。

本系列打破了传统图书的写作风格和阅读模式，采用漫画＋要点＋图解的形式，内容深入浅出，既可直接拿来使用，又引人轻松阅读。

另外，本系列书中的七册图书能分能合，既可以有针对性地进行指导，又可以形成一个体系，进行全方位地系统指导；既适合个人根据实际需求单册购买，也适合企业作为培训教材成套购买。

《超级沟通》是“职业能力提升系列”中的一本。

沟通是工作过程中一项必不可少的技能，是保证工作顺利进行的一个不可或缺的要素。因此，每位员工都应做到会沟通、勤沟通、巧沟通。

本书从口头沟通、非口头沟通、单向沟通、双向沟通、上行沟通、下行沟通、平行沟通、客户沟通、团队沟通九个方面对工作中的沟通进行了详细描述，同时给出一系列在工作中可以实际运用的沟通技巧，帮助读者从会沟通提升至巧沟通的境界。

在本书的创作过程中，王淑燕、刘伟、程富建、姜娣、蔚星星、毕春月、程淑丽、姚小风、薛显东、张天骄对本书的设计思路和体系给出了具体修改意见，王胜会、徐滕、韩建国、金成哲、黄成日、金虎男审阅了部分内容，贾月、孙立宏、罗章秀、刘井学、任玉珍、魏俊芳负责插图的设计和排版，在此一并表示感谢。

编者

2015年1月

提升员工职业能力 增强企业竞争实力

超级沟通

课思课程中心 编著

中国劳动社会保障出版社

图书在版编目(CIP)数据

超级沟通 / 课思课程中心编著. —北京：中国劳动社会保障出版社，2014
（职业能力提升系列）
ISBN 978-7-5167-1522-2

Ⅰ. ①超… Ⅱ. ①课… Ⅲ. ①心理交往－通俗读物 Ⅳ. ① C912.1-49

中国版本图书馆CIP数据核字（2014）第297630号

内容提要

本书打破了传统图书的写作风格和阅读模式，采用漫画＋要点＋图解的形式，内容深入浅出，既可直接拿来使用，又引人轻松阅读。

本书从口头沟通、非口头沟通、单向沟通、双向沟通、上行沟通、下行沟通、平行沟通、客户沟通、团队沟通九个方面对工作中的沟通进行了详细描述，同时给出一系列在工作中可以实际运用的沟通技巧，帮助读者从会沟通提升至巧沟通的境界。

本系列图书适合所有职场人士阅读和使用，也可作为公司培训、激励员工的指导用书。

中国劳动社会保障出版社出版发行
（北京市惠新东街 1 号　邮政编码：100029）

*

保定市中画美凯印刷有限公司印刷装订　　新华书店经销

787 毫米 ×1092 毫米　16 开本　11.75 印张　177 千字

2015 年 1 月第 1 版　　2015 年 1 月第 1 次印刷

定价：29.00 元

读者服务部电话：（010）64929211/64921644/84643933
发行部电话：（010）64961894
出版社网址：http://www.class.com.cn

第1章 口头沟通 / 1

1.1 积极引导 / 3
1.2 适时停顿 / 6
1.3 关键重复 / 9
1.4 巧妙试探 / 12
1.5 精彩演讲 / 15
1.6 要点提示 / 18

第2章 非口头沟通 / 21

2.1 商务信函 / 23
2.2 书面谈判 / 26
2.3 书面报告 / 29
2.4 即时通讯 / 32
2.5 电子邮件 / 35
2.6 其他方式 / 38

第3章 单向沟通 / 41

3.1 态度友善 / 43
3.2 快速陈述 / 46
3.3 表达准确 / 49
3.4 传递情感 / 52
3.5 积极倾听 / 55
3.6 主动接受 / 58

第4章 双向沟通 / 61

4.1 互相尊重 / 63
4.2 积极反馈 / 66
4.3 协商讨论 / 69
4.4 换位思考 / 72
4.5 处理异议 / 75
4.6 彼此认同 / 78

第5章 上行沟通 / 81

5.1 主动沟通 / 83
5.2 尊重权威 / 86
5.3 适时汇报 / 89
5.4 巧妙进谏 / 92
5.5 谨慎回答 / 95
5.6 承认错误 / 98

第6章 下行沟通 / 101

6.1 恩威并用 / 103
6.2 明确表意 / 106
6.3 及时确认 / 109
6.4 巧妙批评 / 112
6.5 安抚情绪 / 115
6.6 避免冲突 / 118

第7章 平行沟通 / 121

7.1 平等对待 / 123
7.2 容忍差异 / 126
7.3 适度赞美 / 129
7.4 寻求协作 / 133
7.5 主动让利 / 136
7.6 消除误解 / 139

第8章 客户沟通 / 143

8.1 激发需求 / 145
8.2 提出建议 / 148
8.3 巧妙提问 / 151
8.4 借助资料 / 154
8.5 消除疑虑 / 157
8.6 适度威胁 / 160

第9章 团队沟通 / 163

9.1 疏通渠道 / 165
9.2 保持信任 / 168
9.3 求同存异 / 171
9.4 适度反对 / 174
9.5 适当妥协 / 177
9.6 取得共识 / 180

第1章

口头沟通

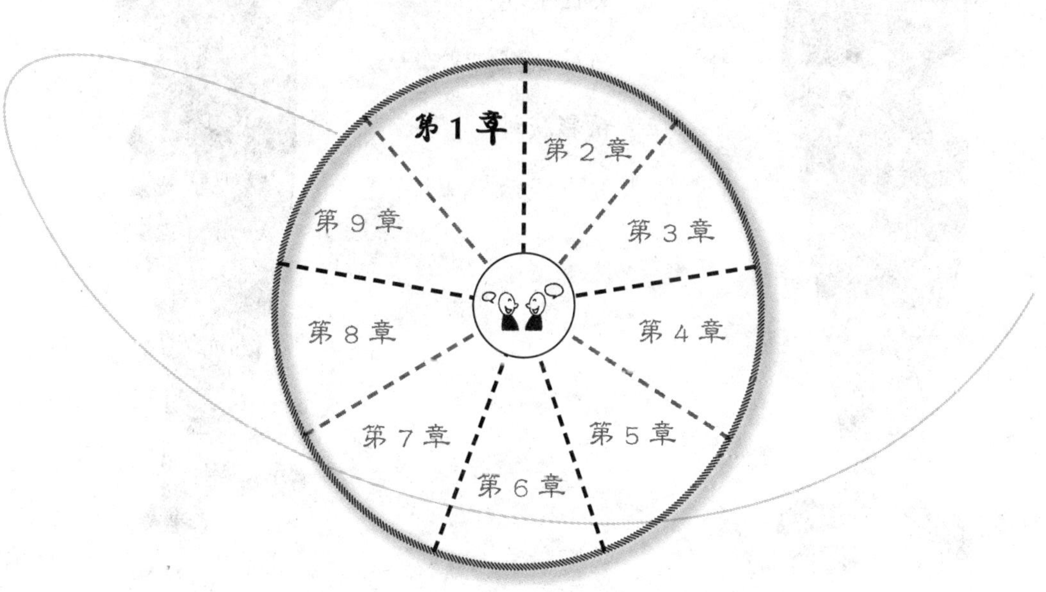

积极引导

适时停顿

关键重复

巧妙试探

精彩演讲

要点提示

1.1　积极引导

在沟通中，控制谈话非常重要。否则，很容易被人牵着鼻子走。所以，沟通中应有意识地控制谈话进程，赢得谈话的主导权，从而让谈话朝着有利于达成沟通目的的方向发展。

例如

1. 一直沉默，不愿开口 → 投其所好，引起对方说话的兴趣，表达自己对对方话题的兴趣和好奇，启发诱导对方去谈。

2. 在会议上重复唠叨 → 使用简要重述的技能，帮助这位发言者归纳思绪。

3. 说话吞吞吐吐、语句不妥或不完整 → 帮助他们放轻松，用非指示性的开放式问题，协助他们说出心中的想法。

4. 夸大其词或扭曲事实 → 在不争论其正确性的情况下，确认当中的核心要点。

5. 发言情绪过于激动 → 肯定其情绪反应，简要重述其想法，以确定其论点不会因为他的情绪影响而被忽略。

6. 偏题、跑题 → 以尊重的态度，请他协助大家了解其观点和正在讨论主题之间的关联性。

提问，是引导谈话的一个重要手段。比如在销售、会议等场合中经常会用到的引导性提问。

“这个任务为什么没有按时完成？是什么地方出了问题？谁的责任？哪些人没有做到位？”

指责式的提问会让员工觉得管理者的目的是要揪出责任人严惩，而不是解决问题。

为了避免承担严重的后果，他们就更加不愿主动和管理者沟通。

“这个项目没有按时完成，让我们看看发生了什么？现在的状况是什么？哪些任务完成了，还有哪些没有完成？再来找找是什么原因导致这些任务没有及时完成？那么又是什么导致了这些原因的发生？以后能否避免类似的情形发生？”

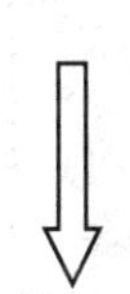

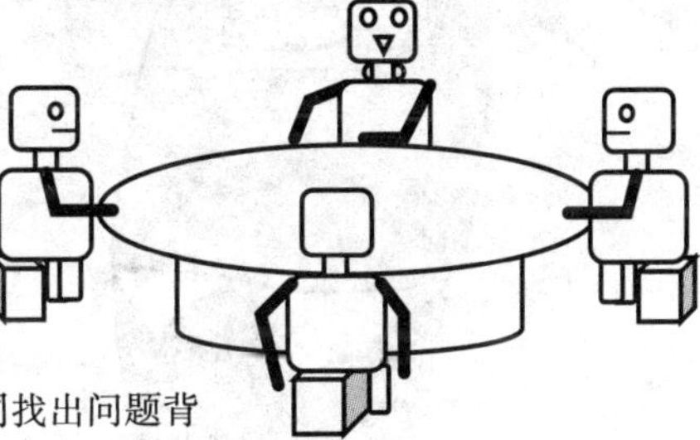

通过引导式的提问，管理者与员工会共同找出问题背后的真正原因，这比一味地指责式提问更有效。

当管理者需要指出员工的错误时，引导式的提问不仅可以避免使员工感到难堪，而且要比指责式的提问更能使员工深入地思考问题，主动发现自己的不足和欠缺之处，做出判断和结论。

1.2 适时停顿

——说话不要像机关枪一样不停地扫射，要给对方适当思考的时间。

停顿是口头语言表达过程中暂时的中断，是对语言节奏的一种特殊处理。无论是从“说”的角度还是“听”的角度来看，人们对停顿都有生理和心理上的双重需求。

口头沟通中人们对停顿的需求

	说话者	听话者
生理需求	一口气只能说上一段话，太长则会导致气息不稳，并会产生喘不上气的感觉。	长时间连续的声音刺激会导致生理上的不适。
心理需求	长时间持续不断的讲话一方面会带来心理上的不适，另一方面也不利于思想感情的充分表达。	长时间连续的声音刺激会产生心理抑制。没有停顿的有声语言也会妨碍对内容的理解。

作为口头语言表达的一种技巧，停顿在口头沟通中起着重要作用。正确理解并运用停顿，可以增强语言的表达效果。

1. 利用停顿引导内容展开

在展开重要内容之前，适时的停顿可以给听话者一种“重要性”的暗示，引起对方的重视并引导对方做好心理准备。这有利于引导内容的展开，突出主题。

2. 利用停顿诱导对方思考

适度的停顿不仅给了听话者思考的时间，也给了听话者理解和接受的余地。同时，还会对听话者形成一种无形压力，迫使其不得不安静下来“想一想”，并做出决断。

3. 利用停顿达成沟通同步

在口头沟通中，沟通者的说话速度与听话者的听觉感知、思维速度是不同步的。一旦出现语言障碍，听话者的思维、想象乃至情感就会出现阻滞。而短暂的停顿则会促使听话者实现“听”与“想”的统一，从而达到沟通同步。

4. 利用停顿引发情感共鸣

自然的停顿是说话者自身情感的一种表露，它一方面能更好地引发说话者自己的情感，另一方面也能有效地激起听话者深刻的情绪体验，实现沟通双方的双向情感激发，引起情感共鸣。

5. 利用停顿引发好奇心理

突然的停顿是一种节奏的变化，它很容易引起听话者的注意力。因此，说话者可以通过停顿制造悬念，引起听话者的好奇和注意，使其急于知道下文。

6. 利用停顿暗示对方开口

适时的停顿可以给听话者一个表达自己看法的时间，避免了对方因为需要插话而打断谈话所带来的风险和尴尬。

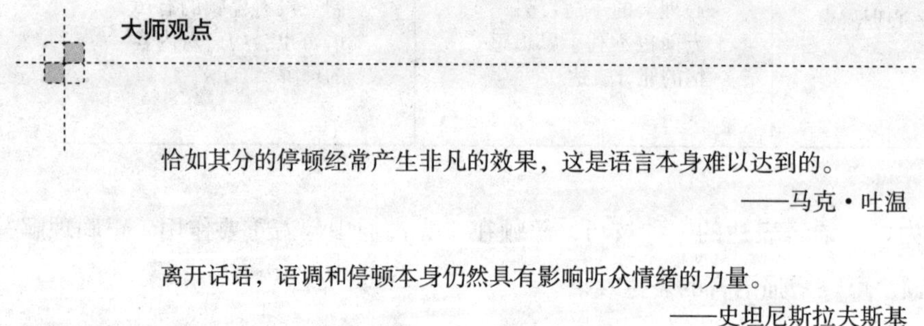

大师观点

恰如其分的停顿经常产生非凡的效果，这是语言本身难以达到的。

——马克·吐温

离开话语，语调和停顿本身仍然具有影响听众情绪的力量。

——史坦尼斯拉夫斯基

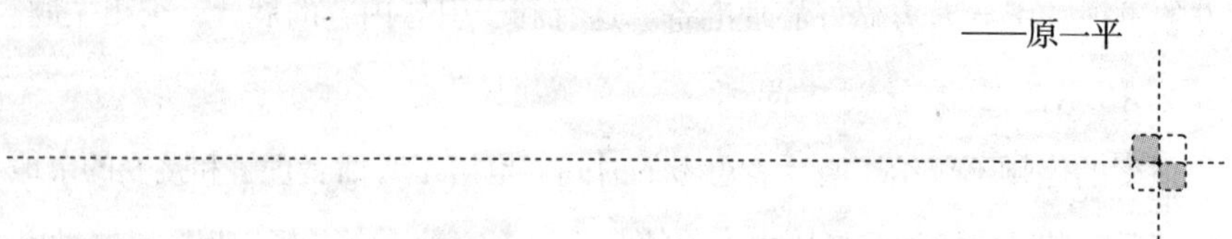

说话中的间隔配置足以撼动人心，善于演说的人都巧于此中奥妙。有时候，稍觉太长的“间隔”反而会给听众留下强烈的印象。

——原一平

1.3　关键重复

在口头沟通中，有时为了使要表达的信息更明确，或者表达方式更生动，或者为了强调某些内容，往往要将一些关键性的词句加以重复。

从心理学角度来讲，重复能够带来刺激，这是重复最直接也是最有效的作用。重复运用得好，就能起到突出主题、强调重点的效果。

什么情况下需要重复

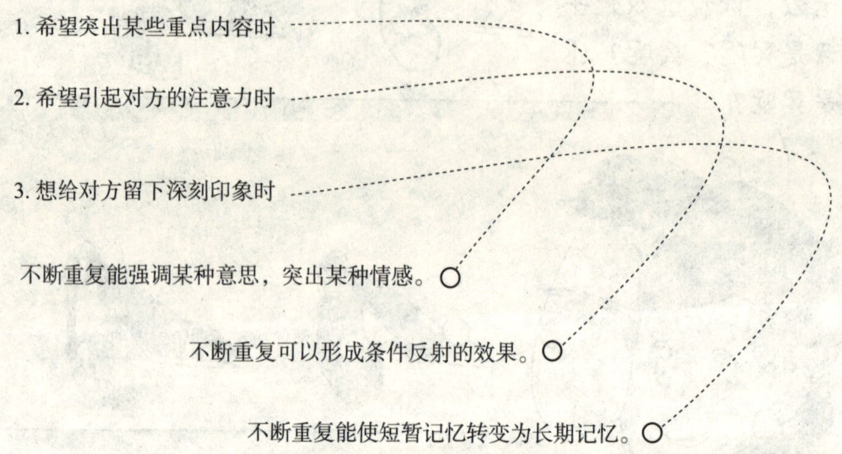

尤其是在进行说服时，更要注意对某些关键点的重复。说话者尽可能地反复强调自己的看法或观点，增加论证，才能给听话者留下深刻的印象。

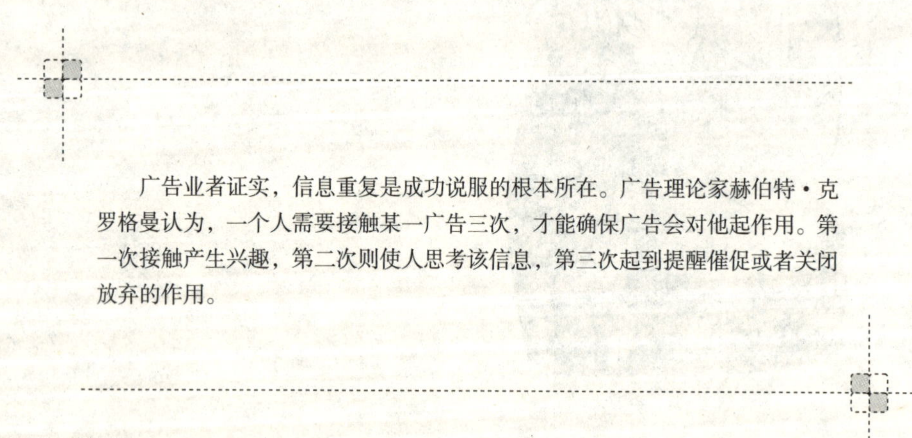

广告业者证实，信息重复是成功说服的根本所在。广告理论家赫伯特·克罗格曼认为，一个人需要接触某一广告三次，才能确保广告会对他起作用。第一次接触产生兴趣，第二次则使人思考该信息，第三次起到提醒催促或者关闭放弃的作用。

当然，要注意这里所讲的重复一定是对关键内容的重复，而不是毫无逻辑、漫无目的、颠三倒四地重复。

微软公司前首席执行官兼总裁史蒂夫·鲍尔默是天生的销售明星和演说家，一站上演讲台就会有难以抑制的澎湃活力。激动的时候，鲍尔默习惯于把任何东西都强调三遍。

员工们都认为鲍尔默非常善于激励员工和煽动情绪。他们提到，鲍尔默曾一口气把一个单词重复了14次。

鲍尔默语录

“我们要继续保持微软的方式，长期坚持以合作伙伴为中心。**长期！长期！长期！**”

“我们不回头，要保持**前进！前进！前进！坚持！坚持！坚持！**”

“**伙计们！**哦！**伙计们！**我们受到了很多虐待。但是**伙计们**，我们有自己的一套，我们只需要继续**保持！保持！保持！**”

1.4 巧妙试探

亲爱的，今天SHOPPING战果如何？

看来她心情不错，一会儿跟她要零花钱肯定会给……

还不错。我淘到……

沟通中，如果想从对方那里得到足够多的信息，寻求自己想要的结果，就必须要学会巧妙试探，迂回沟通。

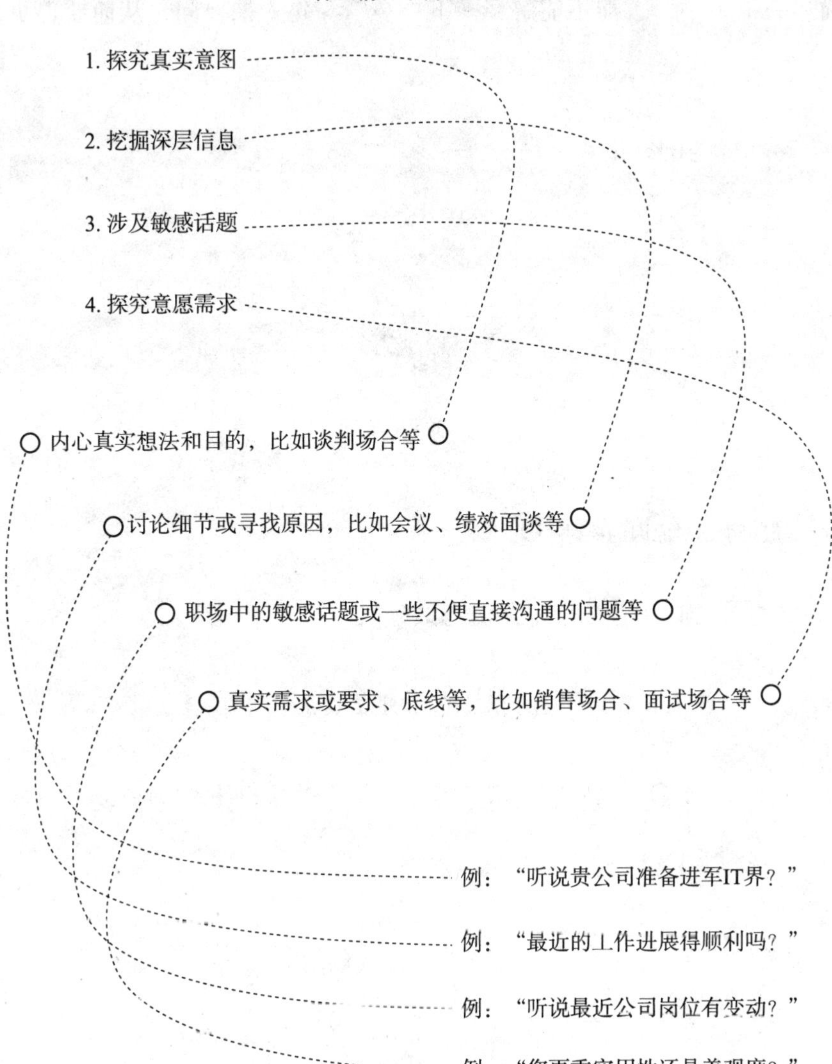

提问，无疑是进行巧妙试探最常用且最有效的方式之一。无论是委婉曲折的暗示，还是旁敲侧击的试探，都离不开探索式提问。

探索式提问的目的即引导对方主动表达自己的想法，或无意中透露出某些信息。为了获取更多、更细、更深层次的信息，这种提问多使用开放式问题。

比如，可以通过使用“为什么”“如何”“怎么”等关键词，或者使用“能不能描述一下……”“能不能解释一下……”等句式来提问，从而获得更多的信息。

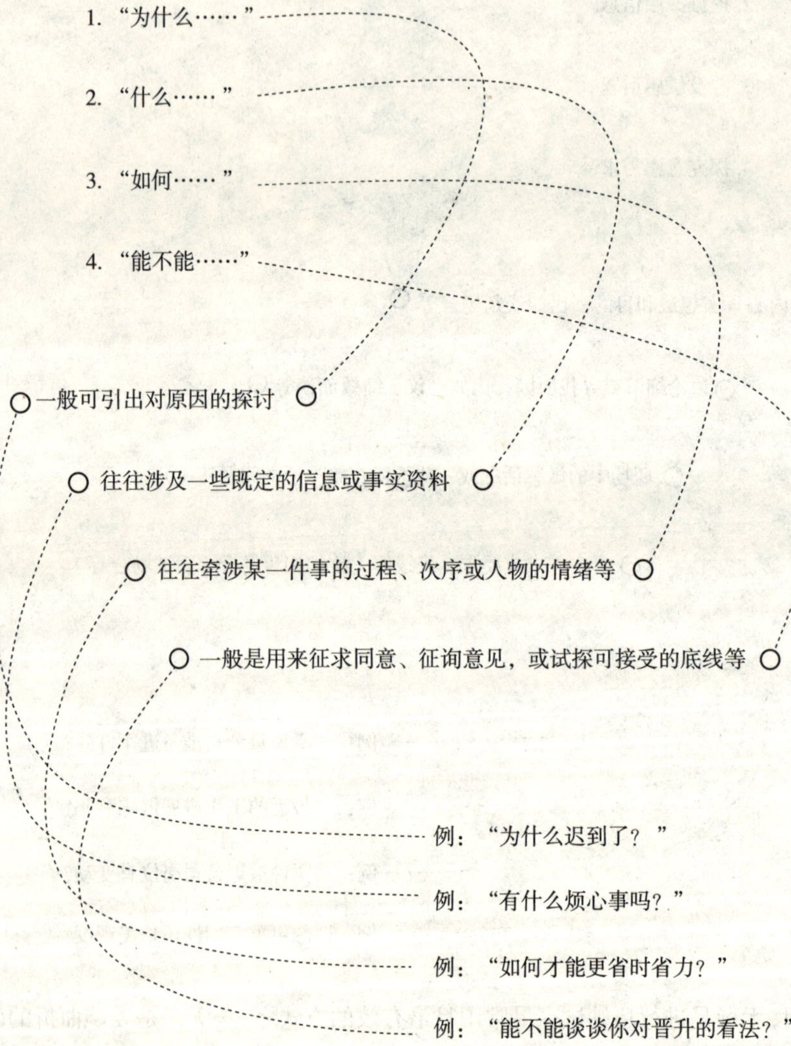

1. “为什么……”

2. “什么……”

3. “如何……”

4. “能不能……”

一般可引出对原因的探讨

往往涉及一些既定的信息或事实资料

往往牵涉某一件事的过程、次序或人物的情绪等

一般是用来征求同意、征询意见，或试探可接受的底线等

例：“为什么迟到了？”

例：“有什么烦心事吗？”

例：“如何才能更省时省力？”

例：“能不能谈谈你对晋升的看法？”

1.5 精彩演讲

——声不够，形来凑。

要想实现有效沟通，光靠“说”是不够的。想要在沟通中“征服”对方，需要的不仅仅是语言的表达，更多的是精彩的演讲。

影响沟通有效性的三个要素

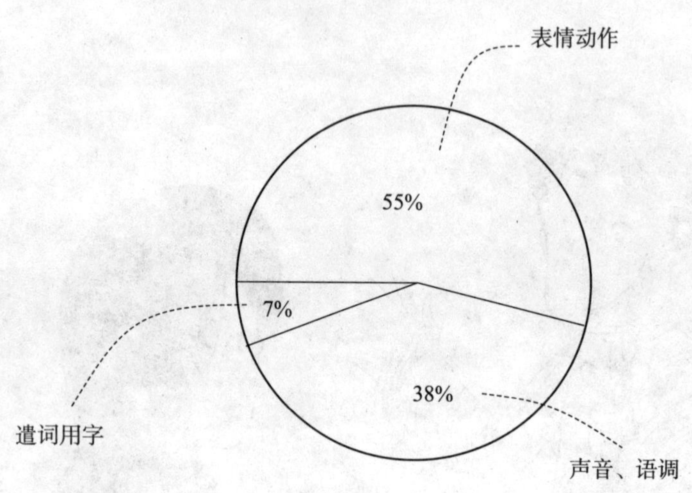

由图中可以看出，这三个要素会直接影响到沟通的有效性。要想做到精彩演讲，就不能仅仅是平白直叙，更要注意声音、语调和动作、表情的配合。三个方面应该相互融合，自然流露。

1. 善用动作表情

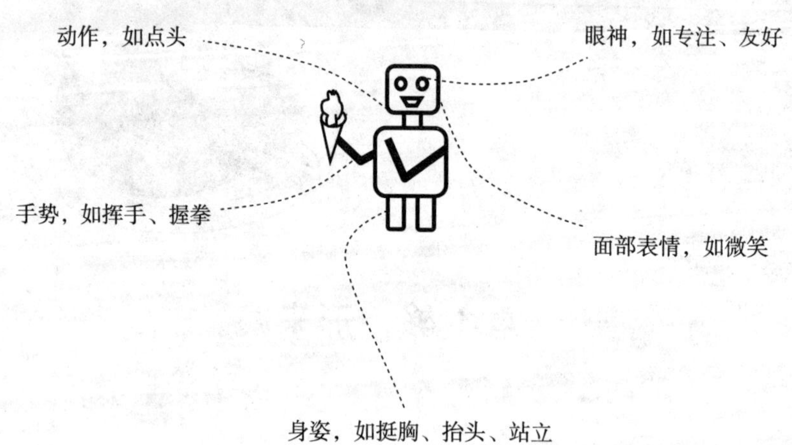

2. 善用声音、语调

一个人说话的声音、语调和他的面貌表情一样重要，因此，要学会用声音来进行沟通。

放松、呼吸、发声、共鸣是形成声音表情的四个因素。研究指出：当通过电话沟通时，说话的声调、抑扬顿挫、共鸣感，决定了谈话内容可信度的84%。

最受欢迎的声音、语调：

✧ 声音中带着诚恳的感情。

✧ 微笑着说话，声音中带着笑意。

3. 善用语言词汇

一段精彩的演讲，应能够成功地引起对方的注意和兴趣，并使对方了解话中的意思，边听边接受，同时能够产生行动的意识。这就要求说话者的语言表达一定要到位。

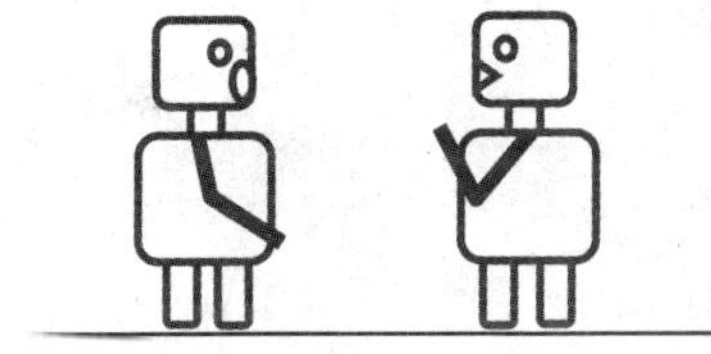

✧ 把要表达的资料过滤，浓缩成几个要点。

✧ 一次只表达一个想法，讲完一个再讲第二个。

✧ 使用双方都能了解的特定字眼、用语。

✧ 提出证据，多运用具体的实例、数字或专家、名人的话来说明。

✧ 多说些正面赞美别人的口头禅，少用情绪性的字眼批评别人。

1.6 要点提示

流畅的表达不一定能带来良好的效果，让对方真正了解沟通的内容，才算是达到了沟通的目的。因此，为了帮助听话者准确接收、正确理解沟通内容，说话者有必要采用一些手段帮助听话者梳理谈话的要点。

提示要点的六种手段

1. 利用言语提示

（1）提示语 ⟹ 你需要注意以下几点……

（2）转折词 ⟹ 虽然/尽管……但更重要的是……

（3）疑问句 ⟹ 那么如何避免这种情况呢……

2. 利用重音提示

强调或突出某些关键的词、短语，甚至某个音节。

3. 利用重复提示

不断重复某个关键词、某个观点或某个问题，以强调其重要性。

4. 利用停顿提示

有意识地进行停顿，引起对方注意之后再陈述要点。

5. 利用眼神提示

通过眼神暗示听话者，如视线接触、目光专注等。

6. 利用动作、手势提示

如点头、用手指点、做出各种手势、以拳击掌等。

通过调整说话时的语调、语速、音色等来提示要点

V

Volume 音量 ------> 提示要点时放大说话的音量

O

Output rate 语速 ------> 在说到要点时放慢语速

I

Inflection 转调 ------> 在说到要点时转变音调和音色

C

Clarity 清晰 ------> 说到要点时吐字清晰，发音标准

E

Emphasis 强调 ------> 综合运用音量、语速等来强调信息的重点部分

第 2 章

非口头沟通

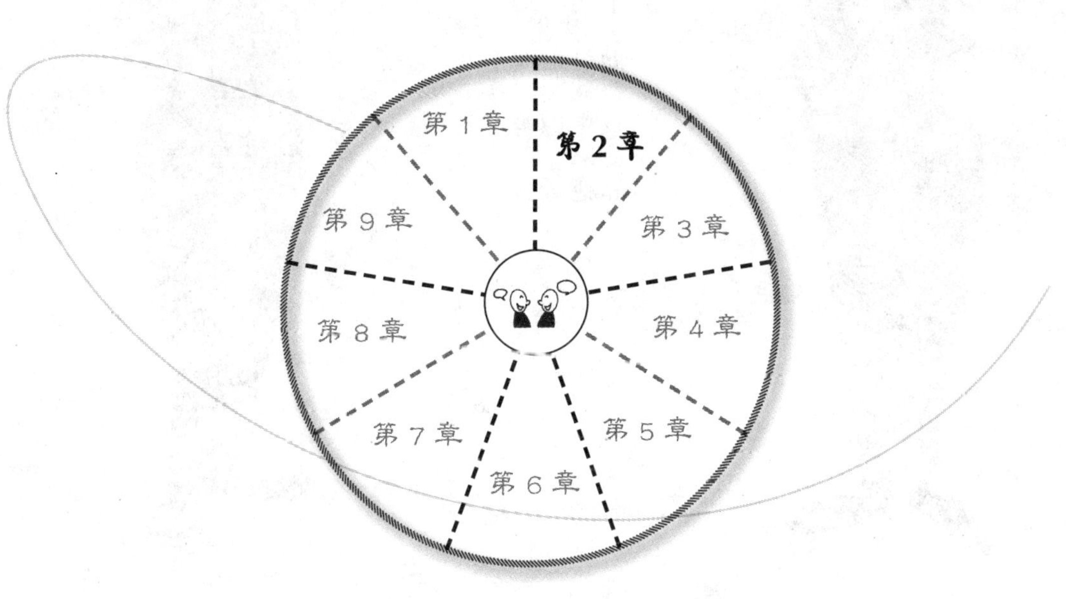

商务信函

书面谈判

书面报告

即时通讯

电子邮件

其他方式

2.1 商务信函

商务信函是企业与企业之间在各种商务场合或商务往来过程中，用以传递信息、处理商务事宜以及联络和沟通关系的信函、电讯文书。

商务信函的主要作用是在商务活动中用来建立经贸关系、传递商务信息、联系商务事宜、沟通和洽商产销、询问和答复问题、处理具体交易事项。

常用的商务信函主要有商洽函、询问函、答复函、请求函、告知函、确认函、联系函、推销函、订购函、索赔函等多种。

商务信函的写作标准

主旨单一

商务信函具有纯粹的业务性，一般要求专文专事，内容集中单一，围绕公务，突出主旨。

表意准确

商务信函的内容多与双方的利益有着直接的利害关系，因而要完整、精确的表达意思，乃至标点符号都要准确无误。

内容简洁

企业每天都要阅读大量信函文件。因此，商务信函要写得简明扼要，短小精悍，切中要点，不需要用华丽的词句。

事项具体

商务信函要交代的事项必须具体明确，尤其要注意需要对方答复或会对双方关系产生影响的内容，绝不能语焉不详。

态度真诚

商务信函要能够充分体现真诚、礼貌。文字表达方式自然、得体，体现出体谅对方的心情和处境的态度。

格式规范

商务信函应遵循结构、格式标准，国际惯例，在文法和书写格式上还要符合对方的语言规范和习惯。

地位平等

商务信函是两个平等法人之间的往来文书，反映双方平等、互惠互利的关系，应相互尊重，以礼相待。

要求时限

商务信函是一定时限内双方意愿的明确表达。因此，接收对方的信函后必须及时回复。

标题一般可直接写“××函”，如“邀请函”。也可以由事由加文种名称“函”构成，如“关于××的邀请函”。

称谓是对收信人或收信单位的称呼，一般写受文者的尊称，书写时一般有泛指尊称和具体称谓两种形式。

商务信函正文写作要求内容单纯，一事一文，文字简明，事实有据，行文礼貌。

如邀请函就应写明邀请的主要内容，包括活动的时间、地点及简单提示等。

有较为详细的出席说明，通常要另纸说明，避免邀请函写得过长。

邀请函

尊敬的　先生/小姐：

兹定于2014年×月×日于××商务中心举办关于××的商务论坛。

特邀您届时拨冗莅临为盼！

×××公司
2014年×月×日

结尾语视发信人与收信人的关系以及信函的内容而定，要求恰当得体。

正式邀请函要加盖公章，以示庄重。

日期一般是发信具体时间。商务信函因为涉及商务业务往来，务必写明发信日期。日期务必写全，以便存档备查。

2.2 书面谈判

书面谈判是相对于口头谈判而言的一种经济谈判方式，是谈判双方利用文字或图表，比如通过信函、电报、电传等形式进行的谈判。

口头谈判

可以通过观察对方的语态、表情、情绪以及习惯动作等来判断对方的心理活动，并据此运用行为语言技巧达到谈判效果。同时对方对谈判内容中的偏差也能及时得到确认并消除。但是口头谈判受到时间限制，对谈判人员的要求也较高。

书面谈判

谈判双方对问题都有比较充足的考虑时间，也避免了因谈判者的级别、身份不对等而影响谈判的开展和交易的达成，费用开支也较少。但书面谈判对文字要求精练，如果文不达意，容易造成双方理解差异，引起争议和纠纷。

由于书面谈判和口头谈判两种谈判形式各有利弊，因此，在实际工作中，常把两种谈判方式结合在一起使用。

而且，不论采取哪种形式，只要是通过谈判达成协议，一般都要签订书面合同。

由于书面谈判有其局限性，所以多适用于有经常性经济交往活动的谈判，产品批量大而供应范围广的购销谈判，以及跨地区、跨国界的远距离谈判等。

书面谈判的技巧

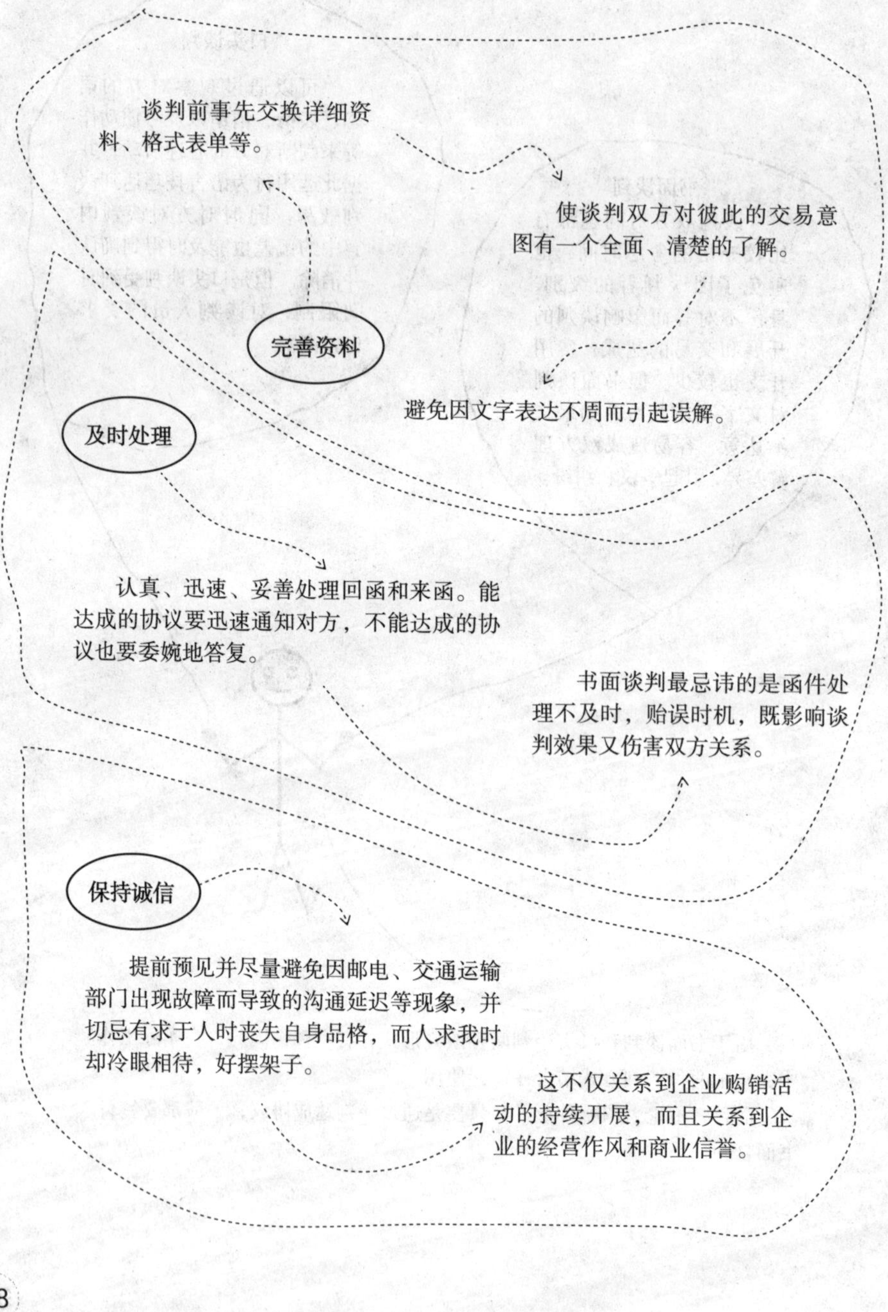

完善资料

谈判前事先交换详细资料、格式表单等。

使谈判双方对彼此的交易意图有一个全面、清楚的了解。

避免因文字表达不周而引起误解。

及时处理

认真、迅速、妥善处理回函和来函。能达成的协议要迅速通知对方，不能达成的协议也要委婉地答复。

书面谈判最忌讳的是函件处理不及时，贻误时机，既影响谈判效果又伤害双方关系。

保持诚信

提前预见并尽量避免因邮电、交通运输部门出现故障而导致的沟通延迟等现象，并切忌有求于人时丧失自身品格，而人求我时却冷眼相待，好摆架子。

这不仅关系到企业购销活动的持续开展，而且关系到企业的经营作风和商业信誉。

2.3　书面报告

报告是现代职场中常用的一种书面沟通形式，使用范围很广。如述职报告、调研报告、总结报告、分析报告、工作报告、创意报告、专题报告等。

从本质上说，报告不仅仅是一种汇报，更是一种获取他人认可的广告。但是现实中，很多报告生涩乏味，千篇一律的报告形式和内容让人厌倦，空洞的语言和套话已经成了令人昏睡的催眠剂。

因此，如何让报告高效且吸引人是在撰写报告前必须要思考的问题。

撰写书面报告的技巧

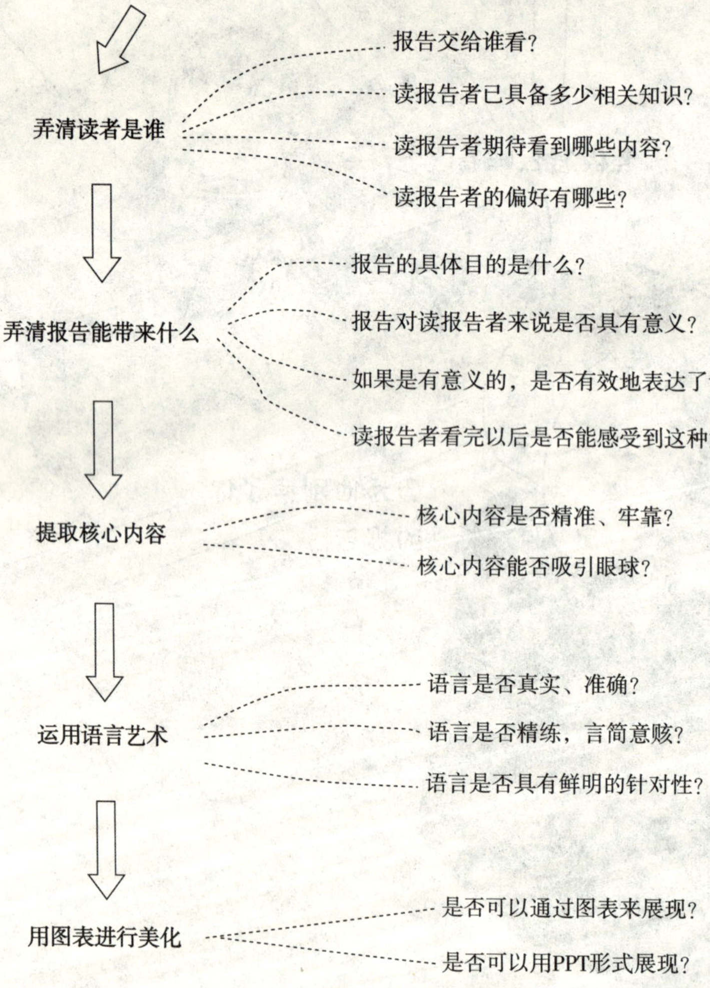

弄清读者是谁
- 报告交给谁看？
- 读报告者已具备多少相关知识？
- 读报告者期待看到哪些内容？
- 读报告者的偏好有哪些？

弄清报告能带来什么
- 报告的具体目的是什么？
- 报告对读报告者来说是否具有意义？
- 如果是有意义的，是否有效地表达了该意义？
- 读报告者看完以后是否能感受到这种意义？

提取核心内容
- 核心内容是否精准、牢靠？
- 核心内容能否吸引眼球？

运用语言艺术
- 语言是否真实、准确？
- 语言是否精练，言简意赅？
- 语言是否具有鲜明的针对性？

用图表进行美化
- 是否可以通过图表来展现？
- 是否可以用PPT形式展现？

日工作报告（示例）

部门：	提报人：		职务：	日期：
序号	工作内容	责任人	完成情况	备注
1				
2				
3				
4				
5				
……				

对于某些例行报告，如周、日工作报告等，可以采用固定的报告模板。

固定的报告模板可以帮助提报人梳理思路和逻辑，整理报告内容，提炼核心要点，更易于编写，也可以节省时间。

采用固定模板的报告明确直观、条理清晰，重点突出，也方便读者阅读。

2.4 即时通讯

亲，资料已经发到你邮箱里了。^_^

太感谢你了亲~我马上查收~ ^_^

即时通讯是一种基于互联网的即时交流消息的沟通方式。它是一个终端服务，允许两人或多人使用网络即时地传递文字讯息、档案、语音与视频交流。即时通讯不同于e-mail，在于它的交谈是即时的。

在互联网无处不在的今天，即时通讯已经成为继打电话之后的首选信息传递方式，即时通讯工具已然成为企业内部沟通、外部商务的必需品。

即时通讯之“5要”

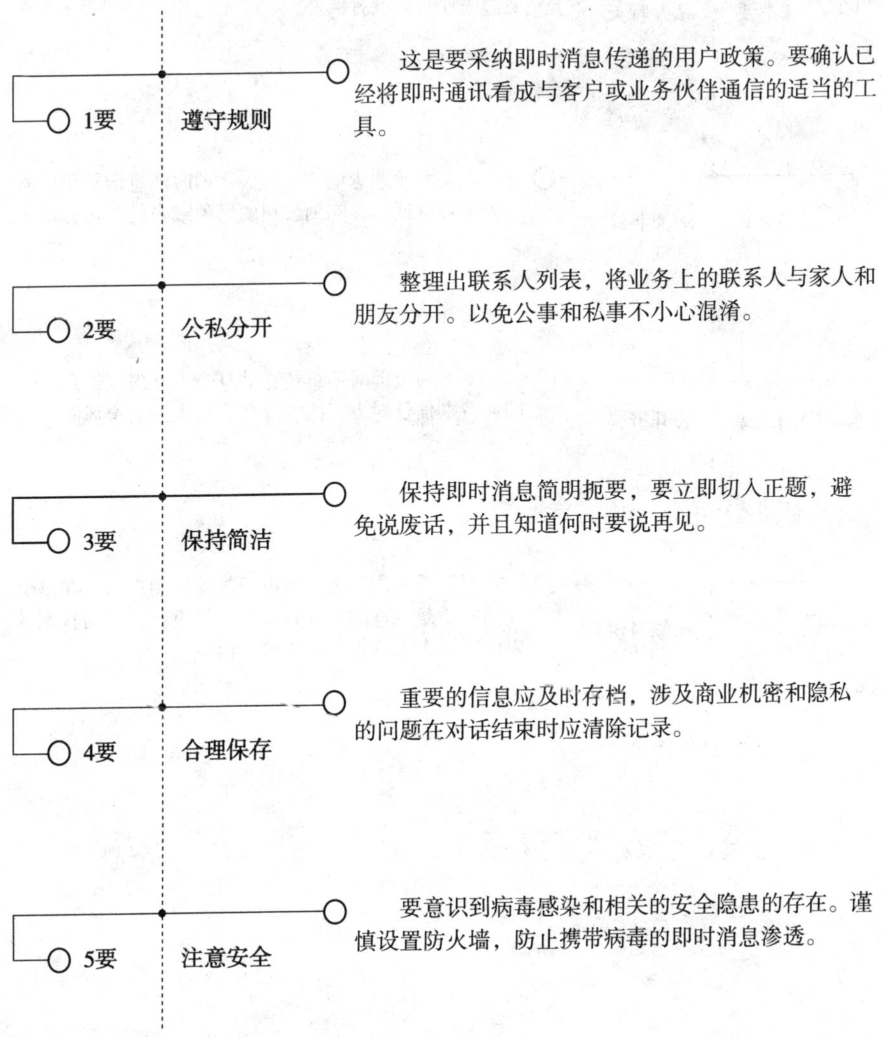

即时通讯之“5不要”

1不要 传递机密

因为网络存在风险，因此不要使用即时消息来传递保密或敏感的信息。

2不要 私人聊天

不要在工作时间过多地进行私人聊天。应从制度上彻底杜绝，没有例外。

3不要 随便非议

不要无所顾忌地评价他人，即时消息记录很可能成为某种证据，影响到公司的形象或自己的声誉。

4不要 公开资料

不要通过即时消息传递共享个人资料或信息，即使特别信任对方，因为这存在很大的安全风险。

5不要 模糊身份

即时通讯用户名就像电子邮件的用户名，在整个公司应该是统一的。并且应该每天更新自己的状态，以便联系人确认是否可以收发消息。

2.5　电子邮件

电子邮件，又称电子函件或电子信函。它是利用电子计算机所组成的互联网络，向交往对象所发出的一种电子信件。使用电子邮件进行对外联络，不仅安全保密，节省时间，而且还可以大大地降低通讯费用。

如今，电子邮件已成为现代社会人与人之间沟通交流的一种重要方式。无论是在与同事、上司，还是在与客户的交流中，电子邮件都是必不可少的。

职场人士在使用商务电子邮件对外进行联络时，应当遵守一定的礼仪规范。

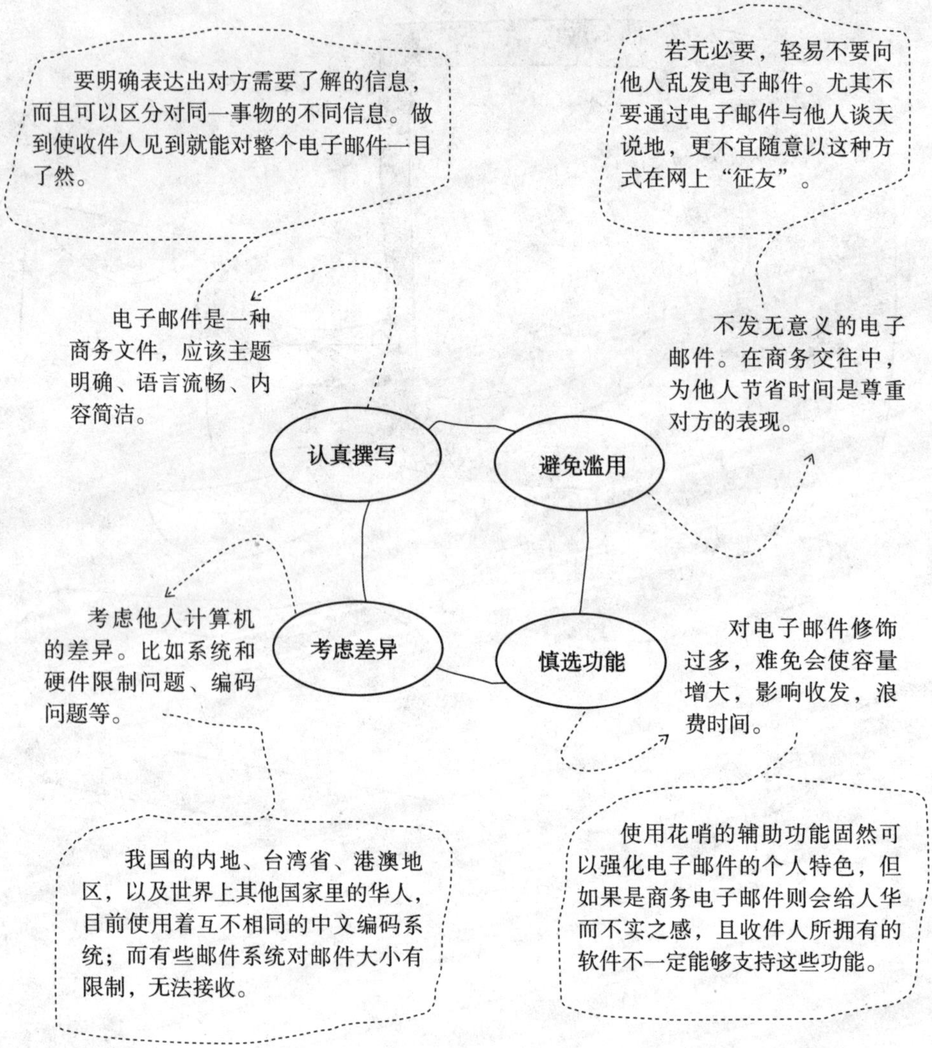

标题的好坏决定了收件人是否会打开并阅读邮件的正文部分。

这个标题直接回答了收件人在打开邮件之前心中存在的问题："我有必要看它吗？"

这个简短的标题涉及了一次会面，一下就能引起对方的注意。

邮件能写多短就写多短。最好让邮件短到一眼扫过去就能看懂其大意。

邮件的正文部分（不包括标题行和署名部分）的长度最好控制在2~3个句子。

主题：5月10日会面

张冉先生是我们公司的老客户，他建议我与您见一面，讨论一下今年贵公司的CRM系统升级计划。

5月10日上午10点在您的办公室见，好吗？

詹灿 产品经理

×××公司

公司网址：www.×××.com

电　话：010-××××××××

手　机：139××××××××

邮　箱：zhancan@126.com

办公地址：北京市朝阳区北四环中路×号××大厦

在邮件中要附上公司全称和具体地址。

邮件内容应该涉及相关细节并且突出某些具体细节。

2.6 其他方式

除了前面提到的商务信函、书面谈判、书面报告等形式，书面沟通还包括备忘录、协议书、布告、通知、声明、纪要、记录、便条等以书面文字或符号进行信息传递的形式。

所谓“落笔为证”，书面沟通具有唯一性和稳定性，因此无论是在法律上还是在商务活动中都具有较强的权威性。同时，书面信息便于存档、查阅和引用，在传递、解释过程中造成的失真也较少。

所以在商务沟通中，重要内容大多采取书面形式，如与外部的各种契约合同和内部管理的各种材料等。

尤其是在项目推进过程中，往往也需要使用书面沟通方式。不仅在单个项目组内部，在项目之间，公司与公司之间，公司与上级主管部门之间都会涉及书面沟通。

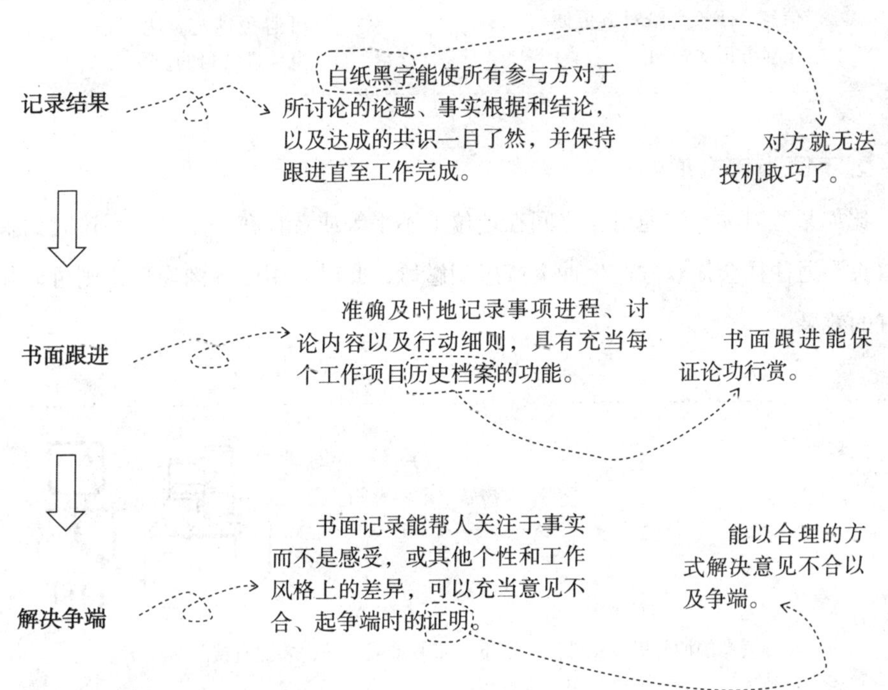

另外，以便签的形式进行书面沟通的行为在职场中也较为常见。

1. 不能当面沟通时

比如在职场中需要沟通却发现沟通对象不在工位上时，或者有信息需要转达时，都可以将信息记录在便签上。

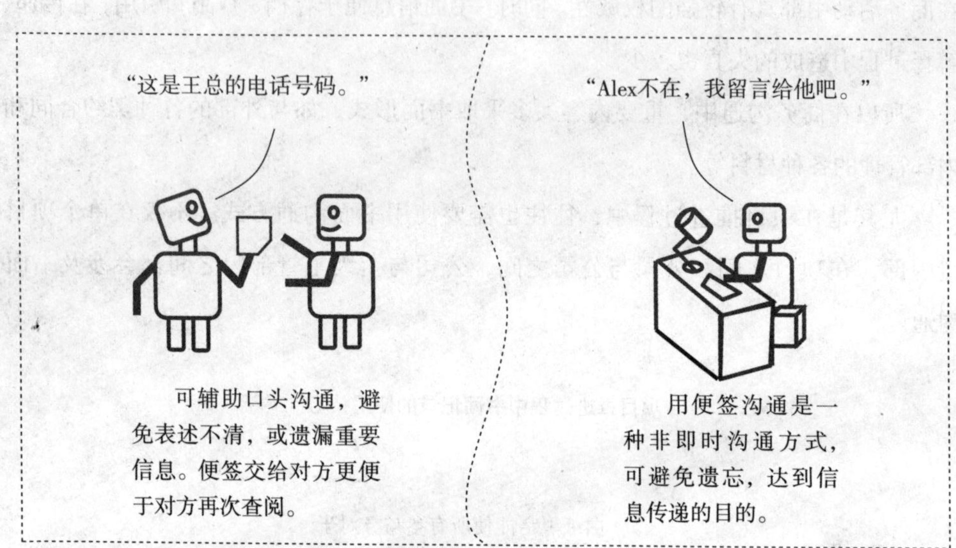

2. 不便当面沟通时

比如某些时候，沟通对象之间在地位上不平等或者存在一定摩擦，这时如果进行口头沟通往往会使双方产生冲突或感到尴尬，此时采用便签沟通形式则可以起到很好的效果。

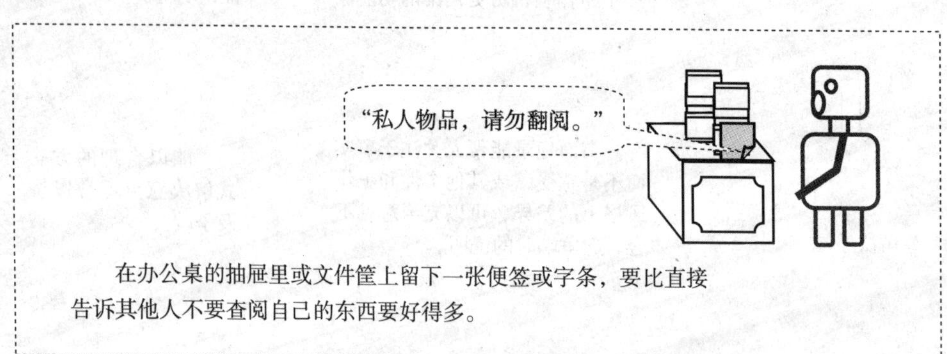

第3章

单向沟通

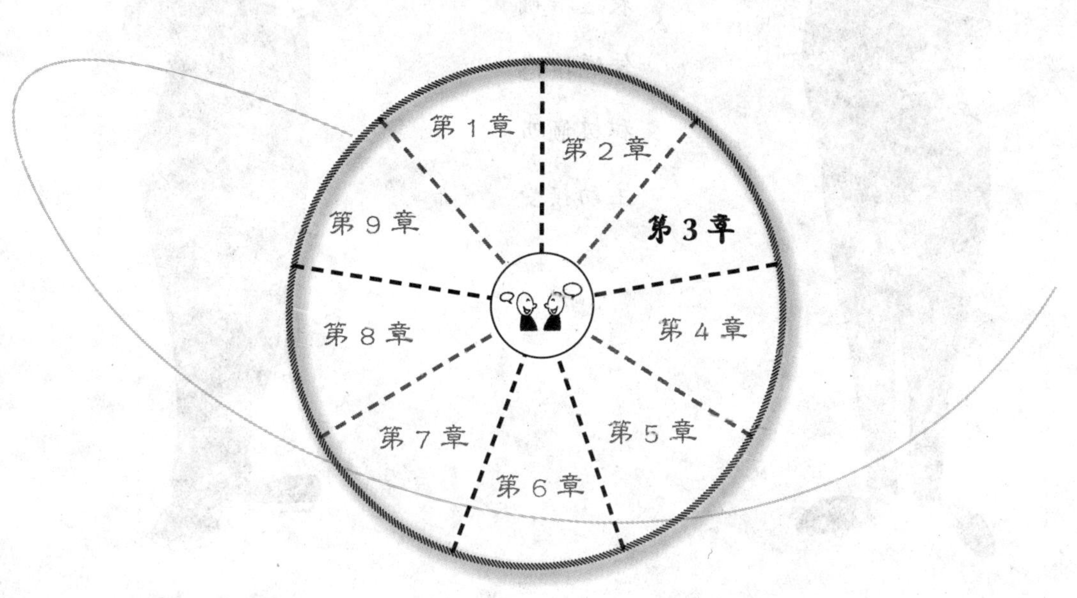

态度友善

快速陈述

表达准确

传递情感

积极倾听

主动接受

3.1　态度友善

——请求往往比命令能得到更好的结果。

单向沟通是指发送者和接收者这两者之间的地位不变（单向传递），一方只发送信息，另一方只接收信息。如作报告、发指示、下命令等。

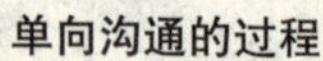
单向沟通的过程

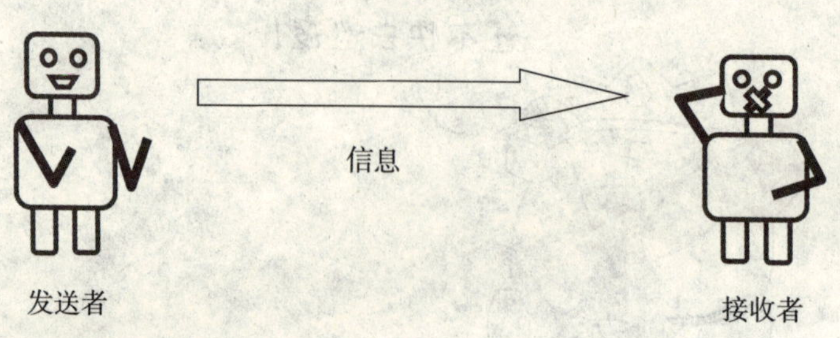

单向沟通的速度快，信息发送者的压力小。但是由于在单向沟通中接收者没有反馈意见的机会，不能产生平等和参与感，因此不利于建立双方的感情。尤其是信息发送者的态度对单向沟通的效果起着至关重要的作用。

态度对单向沟通的影响

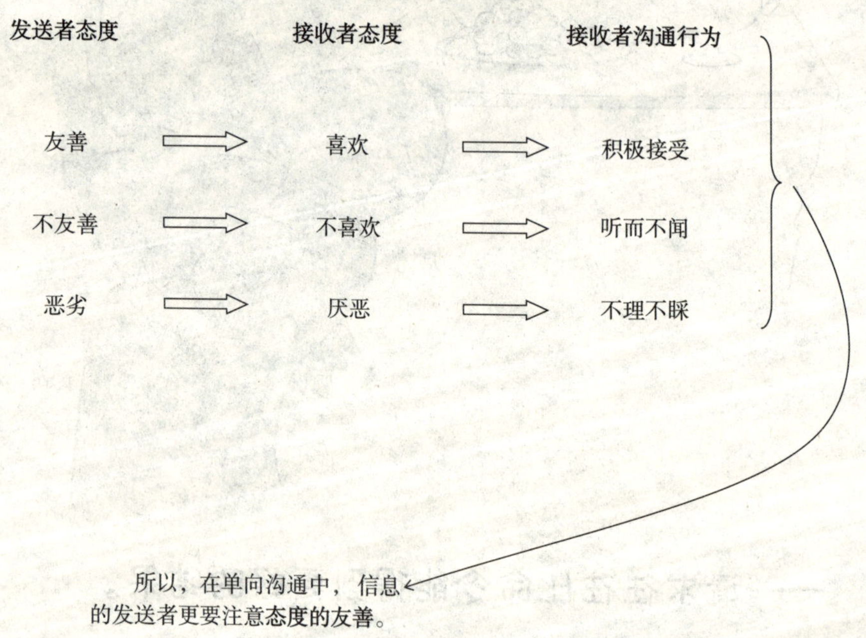

单向沟通的态度指导

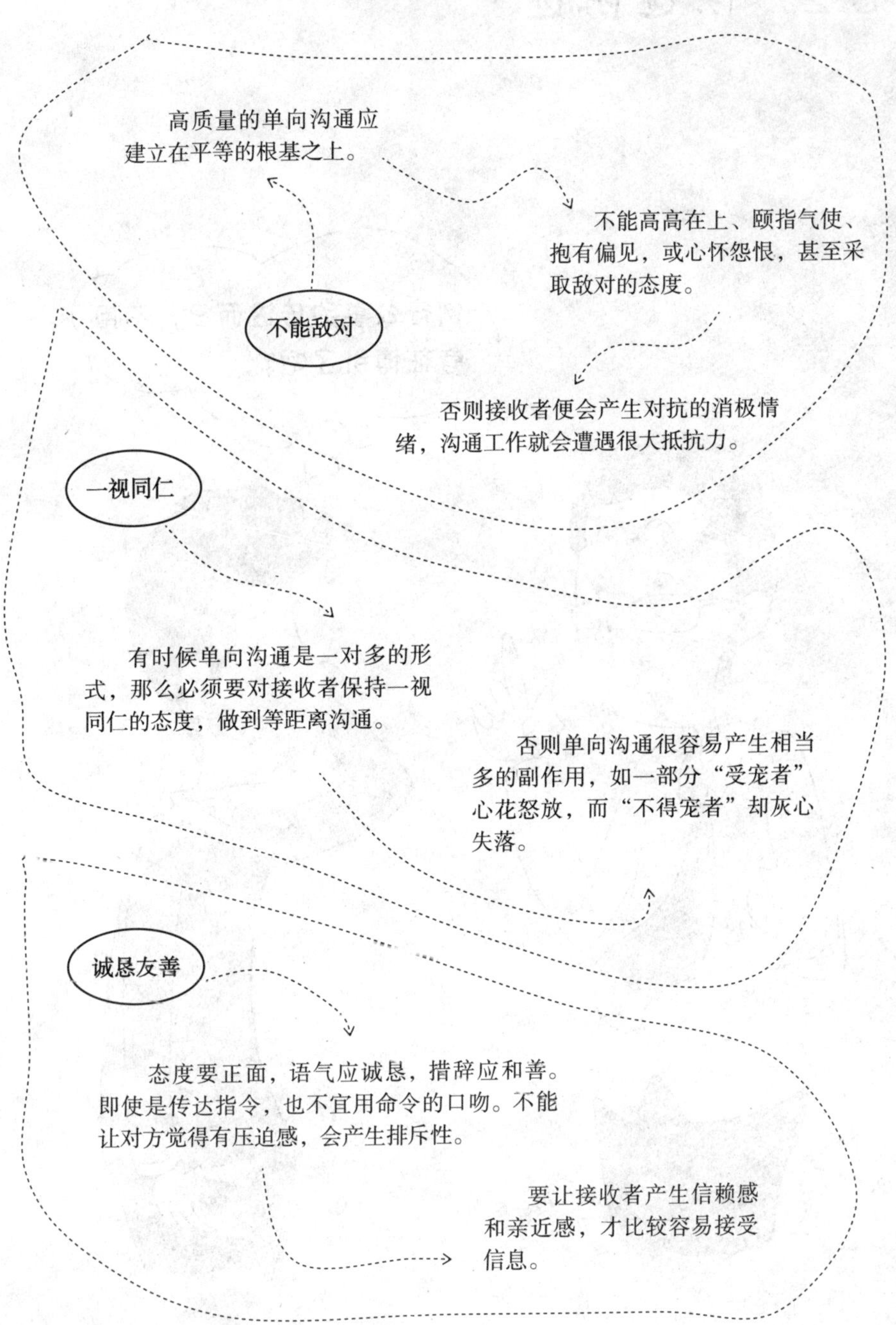
高质量的单向沟通应建立在平等的根基之上。
不能高高在上、颐指气使、抱有偏见，或心怀怨恨，甚至采取敌对的态度。
不能敌对
否则接收者便会产生对抗的消极情绪，沟通工作就会遭遇很大抵抗力。
一视同仁
有时候单向沟通是一对多的形式，那么必须要对接收者保持一视同仁的态度，做到等距离沟通。
否则单向沟通很容易产生相当多的副作用，如一部分“受宠者”心花怒放，而“不得宠者”却灰心失落。
诚恳友善
态度要正面，语气应诚恳，措辞应和善。即使是传达指令，也不宜用命令的口吻。不能让对方觉得有压迫感，会产生排斥性。
要让接收者产生信赖感和亲近感，才比较容易接受信息。

3.2 快速陈述

在实际工作中，大家熟悉的例行公事，向下级的命令传达，都可以采用单向沟通，目的之一就是为了快速沟通，节省时间。所以，快速陈述是高效单向沟通的基本要求。

在表达自己的意图时，首先要删繁就简，找准重点进行陈述，才能快速地把意图传达给对方。如果信息过多，出现冗余，不仅浪费时间，还会模糊问题的焦点，引起信息接收方的不舒服。

如果你不小心踩了别人的脚……

“我实在不是有意的，车上人太多了，别人挤了我一下，我又不知怎的就站不稳了……”

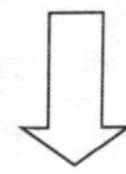

一句简单的“对不起”就足以表达歉意。

比起直截了当的道歉，到处找借口的啰唆反倒令人心生反感。

因此，信息充分而又无冗余才是最佳的单向沟通。

在进行单向沟通前，信息的发送者必须要清楚地认识到沟通的目的、所使用符号的意义、传递路线及接收者可能做出的反应，才能在沟通过程中平稳快速地陈述并传达信息。

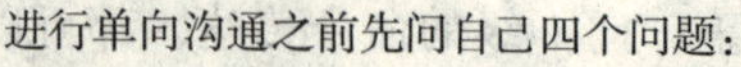

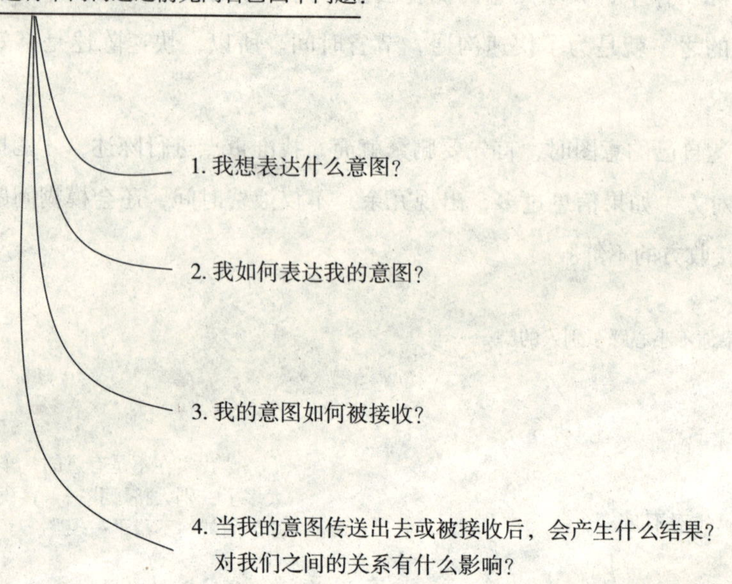

沟通目的经过检查，沟通内容经过仔细规划，沟通环境经过认真审察，沟通才能快速、流畅，受到的干扰也较少。否则，很容易出现偏题跑题、东拉西扯说不到重点，或者磕磕巴巴、不能流畅表达意图的现象。

3.3 表达准确

单向沟通因为没有回馈环节，因此为了避免发生错误，信息发送者必须事先将沟通内容作有条理性的编排。

以下达指令的单向沟通为例，下达指令之前应做好整理，以便接收者理解。

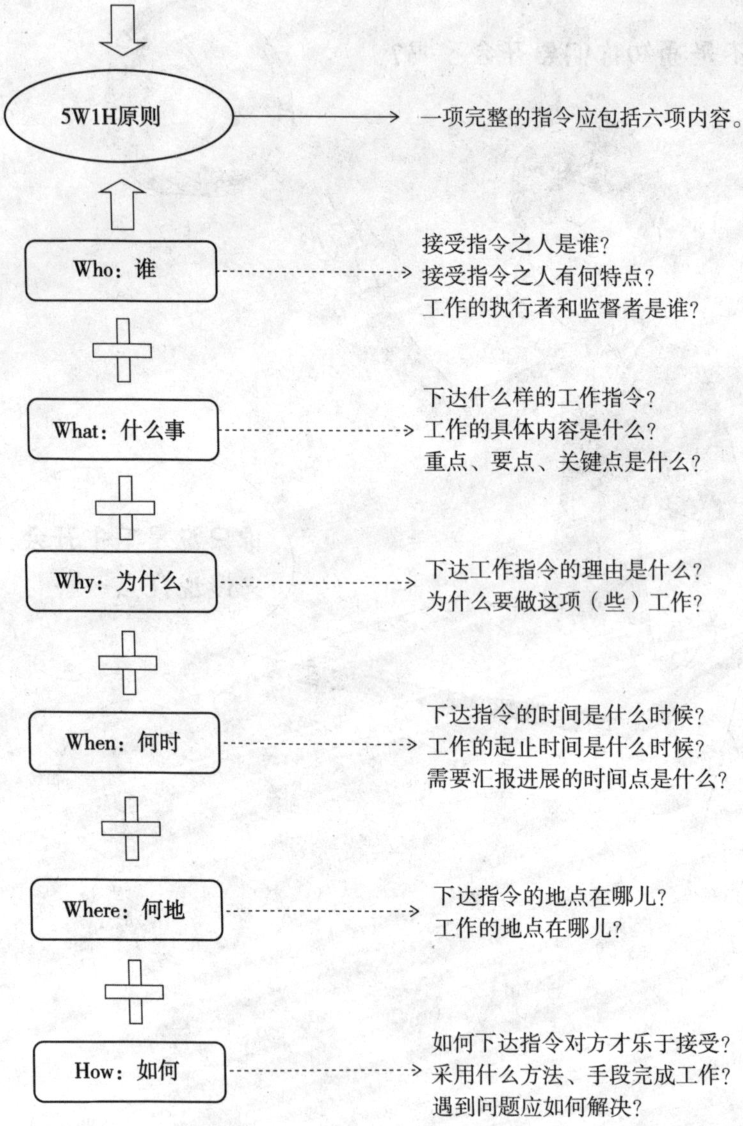

5W1H原则 → 一项完整的指令应包括六项内容。

Who：谁 → 接受指令之人是谁？接受指令之人有何特点？工作的执行者和监督者是谁？

What：什么事 → 下达什么样的工作指令？工作的具体内容是什么？重点、要点、关键点是什么？

Why：为什么 → 下达工作指令的理由是什么？为什么要做这项（些）工作？

When：何时 → 下达指令的时间是什么时候？工作的起止时间是什么时候？需要汇报进展的时间点是什么？

Where：何地 → 下达指令的地点在哪儿？工作的地点在哪儿？

How：如何 → 如何下达指令对方才乐于接受？采用什么方法、手段完成工作？遇到问题应如何解决？

在单向沟通的过程中，恰当地运用语言表达艺术是十分必要的。如果表意不当，则很容易使信息的接收者产生误解，把原本很简单的事情变得复杂。

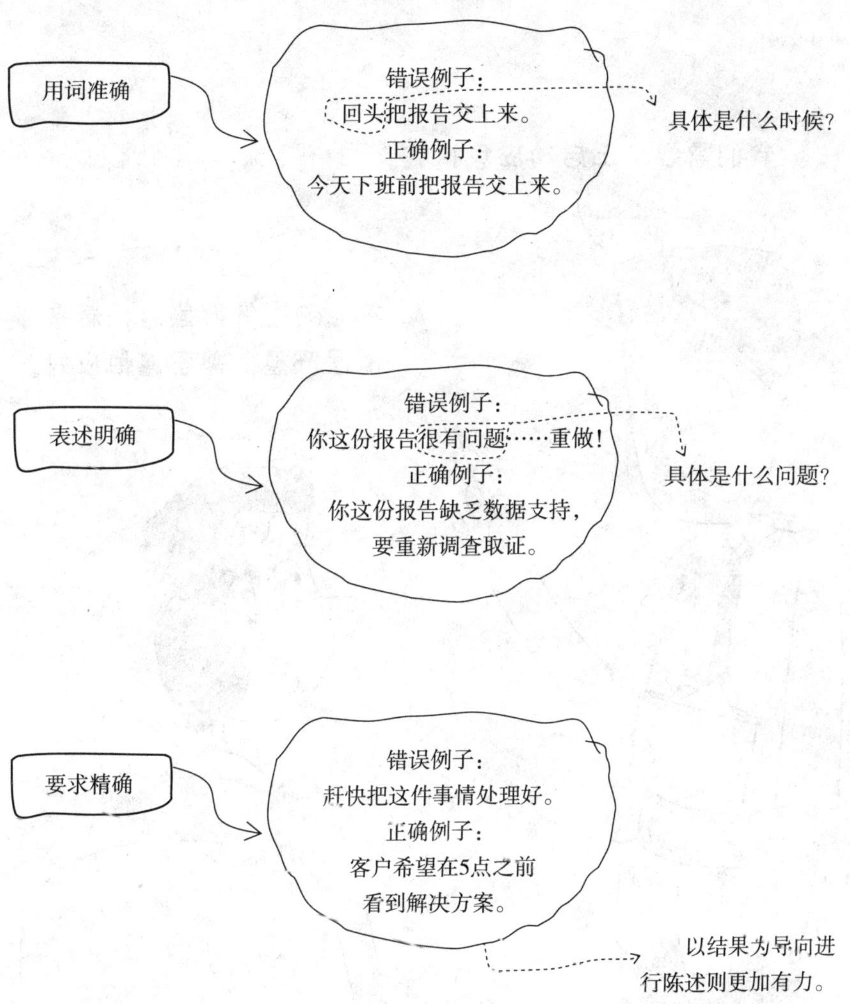

3.4 传递情感

在实际工作中，管理者经常会对下属下达这样或那样的指令，但由于缺乏讲话的艺术，很多情况下他们的指令都很机械化，冷冰冰或缺乏感染力，直接影响到下属对指令的执行。

由此可见，尽管单向沟通中双方无论语言或情感上都不需要信息的反馈，但是这不代表信息的发送者不需要进行感情的传递。

信息是通过视觉和听觉两个渠道同时传输给感觉器官，因此，信息发送者应该从“听”和“看”两个角度向接收者传递情感。

接收者能听的就是信息发送者的语言词汇、语气语调，能看到的就是对方的肢体语言。

1. 通过语言词汇传达情感

语言是沟通中信息的重要组成部分，是人们表达思想、交流感情的直接载体。因此，在单向沟通中使用一些带有感情色彩的字眼可以使信息中包含的感情更充沛。

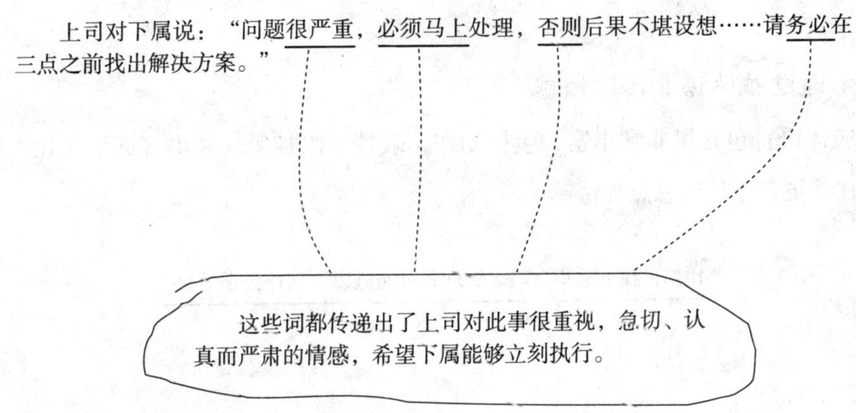

2. 通过语气语调传达情感

语气是思想感情运动状态支配下语句的声音形式，它能够表示出信息发送者对某一行为或事情的看法和态度。不同的语气暗含着不同的思想感情。

以管理者对员工进行单向沟通为例，管理者使用以下四种语气，将对员工认识和执行任务产生积极的影响，有助于达到高效沟通的目的。

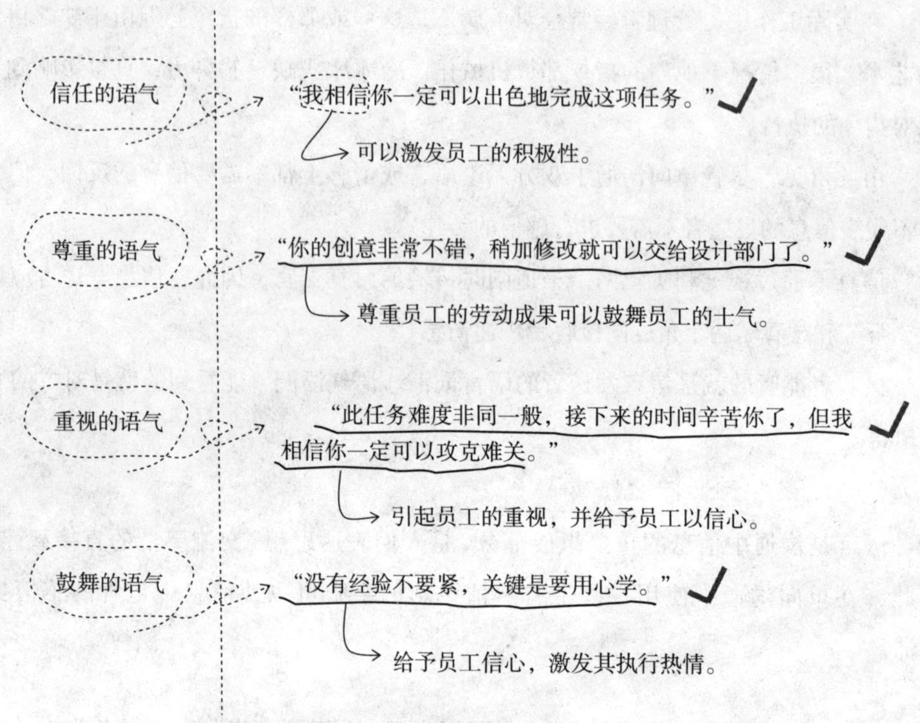

3. 通过肢体语言传达情感

肢体语言包含得非常丰富，包括动作、表情、眼神等。和语言词汇相比，肢体语言往往更善于传递思想和情感。

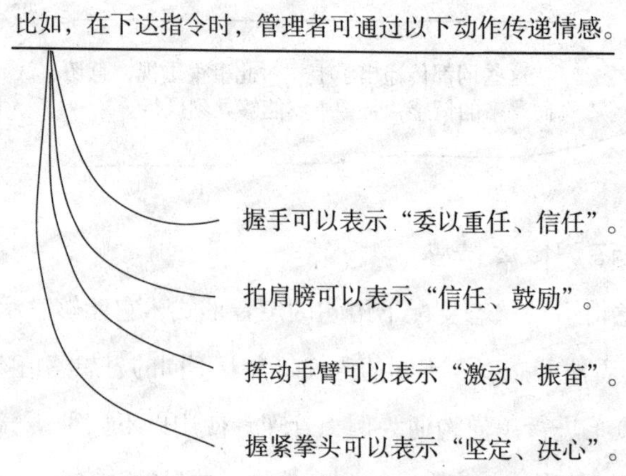

3.5　积极倾听

站起来发言需要的是勇气，而坐下来倾听，需要的也是勇气。

——丘吉尔

俗话说“说三分，听七分”，沟通，首先是倾听的艺术。在单向沟通中尤其是如此。

在单向沟通的过程中，如果接收者不能积极倾听，往往会导致信息接收不完整，进而导致整体理解出现偏差。如有选择性地听、心中存有偏见、根本不感兴趣等，都会导致沟通的效果大打折扣。

倾听的五个层次

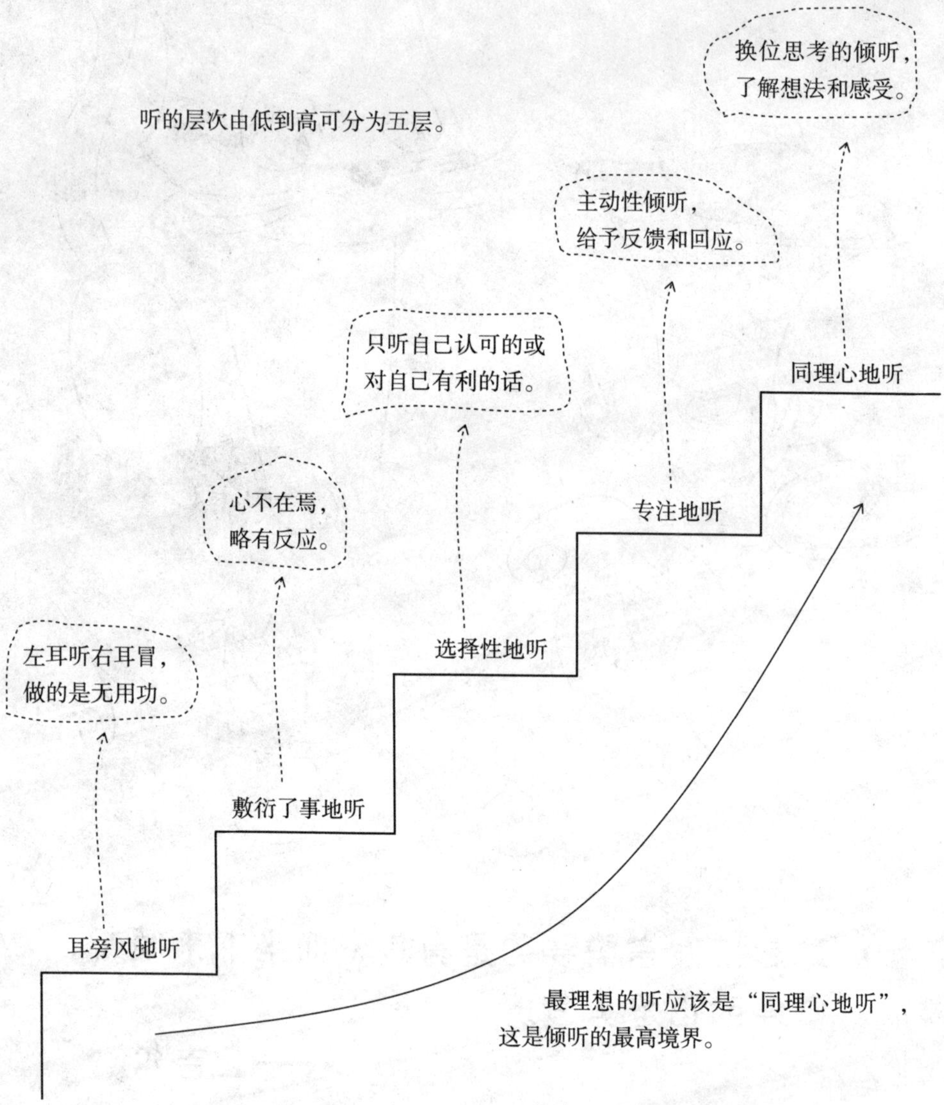

听的层次由低到高可分为五层。

耳旁风地听

左耳听右耳冒，
做的是无用功。

敷衍了事地听

心不在焉，
略有反应。

选择性地听

只听自己认可的或
对自己有利的话。

专注地听

主动性倾听，
给予反馈和回应。

同理心地听

换位思考的倾听，
了解想法和感受。

最理想的听应该是“同理心地听”，
这是倾听的最高境界。

要想在单向沟通中完整地接收信息，首先要有技巧地倾听对方所说的内容，最忌断章取义。

断章取义的接收者通常是在没有听对方说完或不顾对方所说内容的真实含义的情况下，就孤立地提取其中一段或一句来进行主观理解，很容易导致信息的失真、失实。

避免断章取义地倾听往往涉及四个层面。

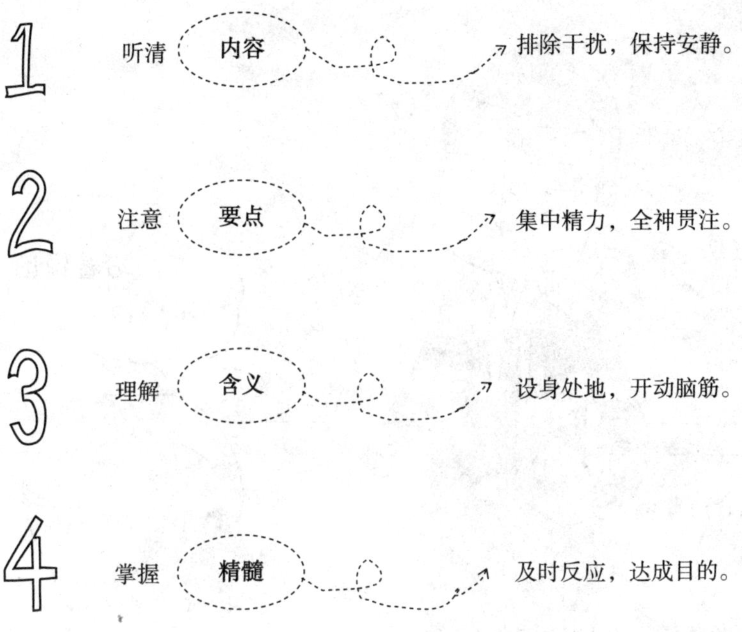

3.6 主动接受

任务很艰巨，希望大家能一起努力。

哼，站着说话不腰疼。

——先接受观点，再分析判断，不要做习惯性的反驳者。

尽管单向沟通不需要接收方进行反馈，但是一个有效的单向沟通并不仅仅是发送者发出信息这么简单，它包含两个部分：发送者发出完整准确的信息；接收者能完整准确地接受信息。

也就是说，在单向沟通中，接收者对信息的主动接受也至关重要。

接收者主动接受信息的五个要求

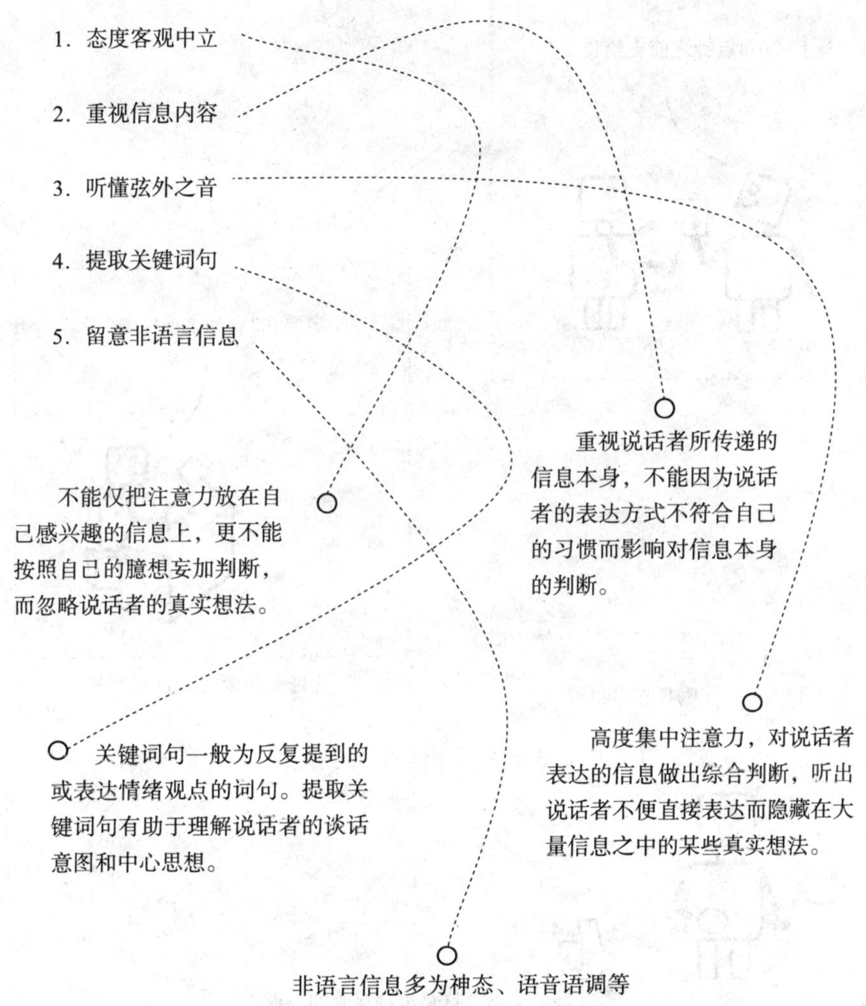

由此可见，主动接受就意味着接收者主动接受完整信息，并能够正确理解这一信息。这样沟通的双方才能达成一致。

同时，单向沟通中的主动接受还意味着接收者愿意以恰当的形式按照传递过来的信息采取行动。也就是说，单向沟通中，正确地传达、准确地接受是手段，而接受之后的行动才是沟通的终极目的。

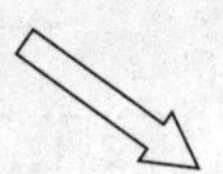

这是主动接受的表现。

这是被动接受的表现。

第 4 章

双向沟通

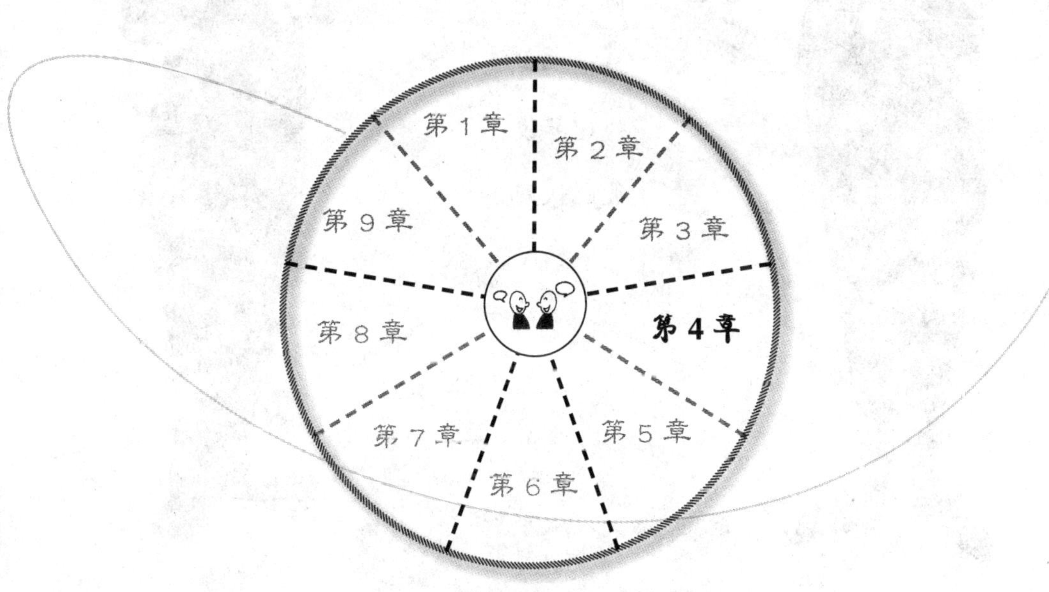

互相尊重

积极反馈

协商讨论

换位思考

处理异议

彼此认同

4.1　互相尊重

——尊重永远都是相互的。

互相尊重，是有效沟通的重要基础和前提。被他人尊重，是一个人最基本的心理需求；尊重他人，是一个人的基本素养。任何真正要解决问题、愉快的沟通过程，其前提都是相互尊重，求同存异。

“喂，老头儿，到京城还有多远？”

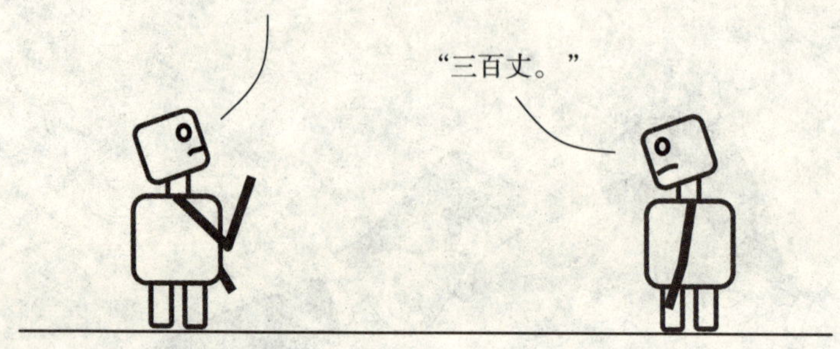

“别人指路都论里，你怎么论丈？”

“你无礼，我自然无里（礼），只能论丈。”

己所不欲，勿施于人

自己都不愿意的事情，强加给别人，别人会高兴吗？沟通双方在人格上是平等的，应推己及人。

甲之砒霜，乙之蜜糖

人的认知是有差异性的，不能一味用自己喜欢的方式或自己认为对的方式来对待或要求对方。

俗话说，“人敬我一尺，我敬人一丈”，要想得到别人的尊重，首先要学会尊重别人。从这种意义上说，尊重他人就是自尊的表现。

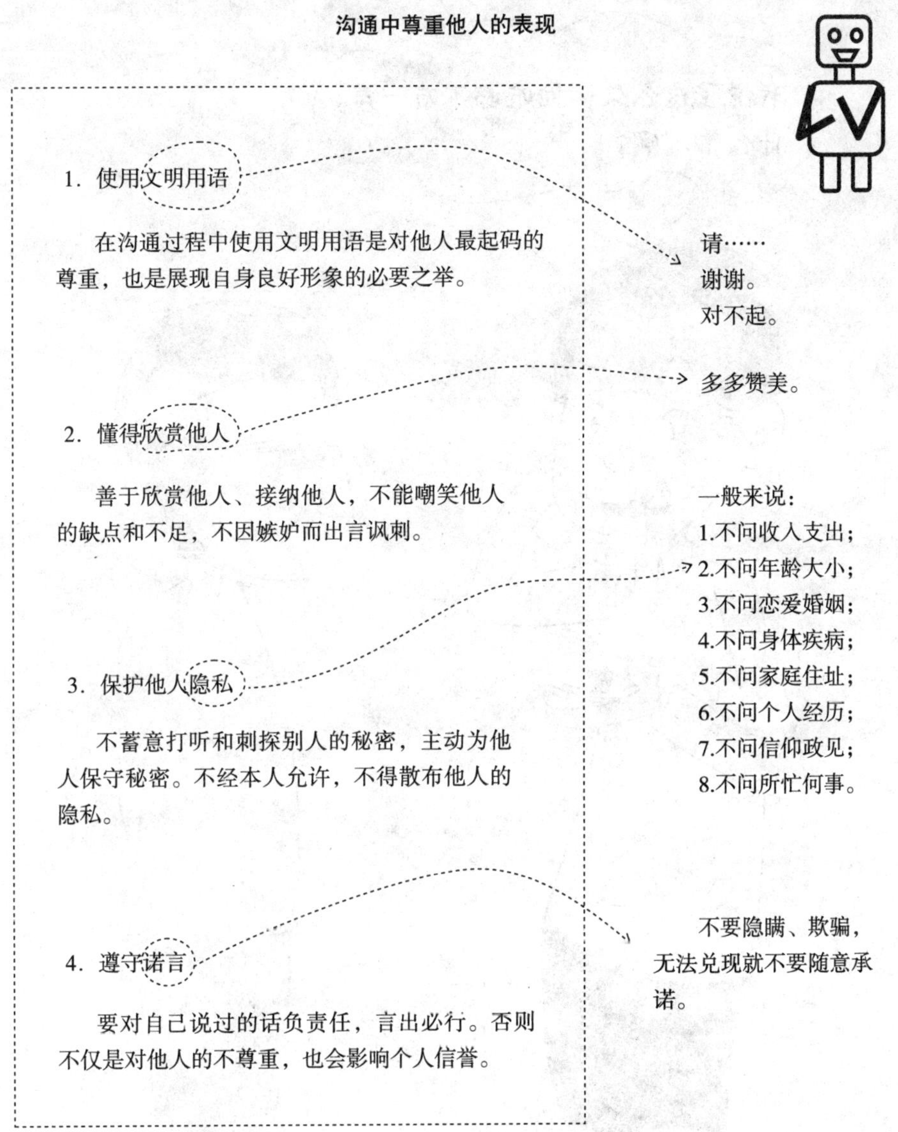

4.2 积极反馈

——沟通不反馈，一切都不对。

反馈是双向沟通过程的最后一个环节，是对他人所提供信息的一种反映。反馈对信息的传送是否成功以及传送的信息是否符合原本意图进行核实，用来确定信息是否被理解。

双向沟通的完整过程

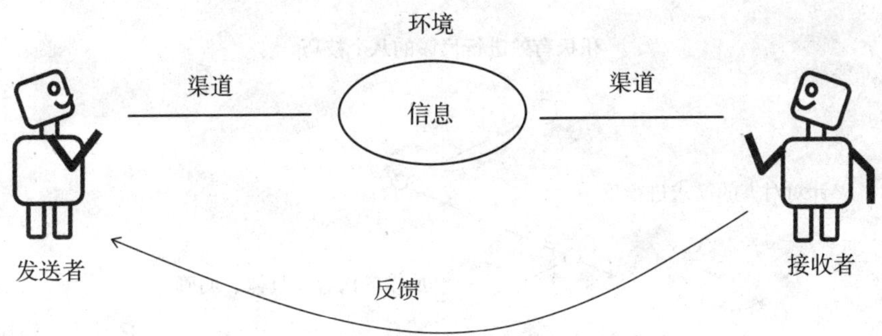

在双向沟通中，没有反馈的沟通是不完整的。有了反馈，沟通才完成了一个完整的闭环，才算是双向的沟通。

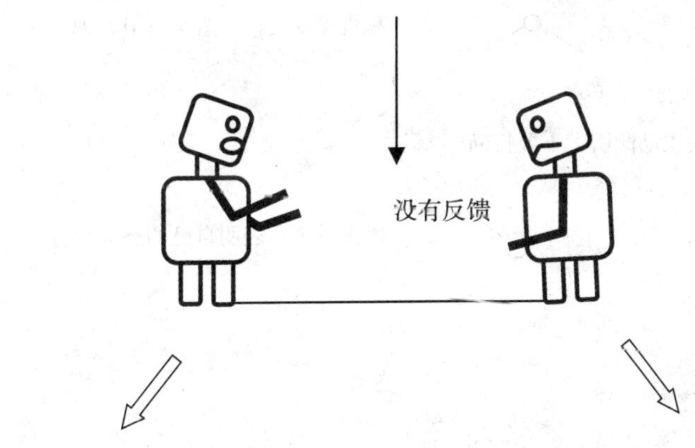

在实际工作中，除了一些为大家熟悉的例行公事、向下级的命令传达等，大部分的沟通都属于双向沟通。如果工作中大家只是简单粗放地表达、倾诉、发泄，不能从中反馈获取有效信息，那么沟通环节就失去意义。

在沟通中最重要的是要确实“听到”“听懂”“听完”对方的谈话，并且在互动过程中要澄清自己所听到、所了解的与对方所表达的是否有偏差。

积极有效进行反馈的八个技巧

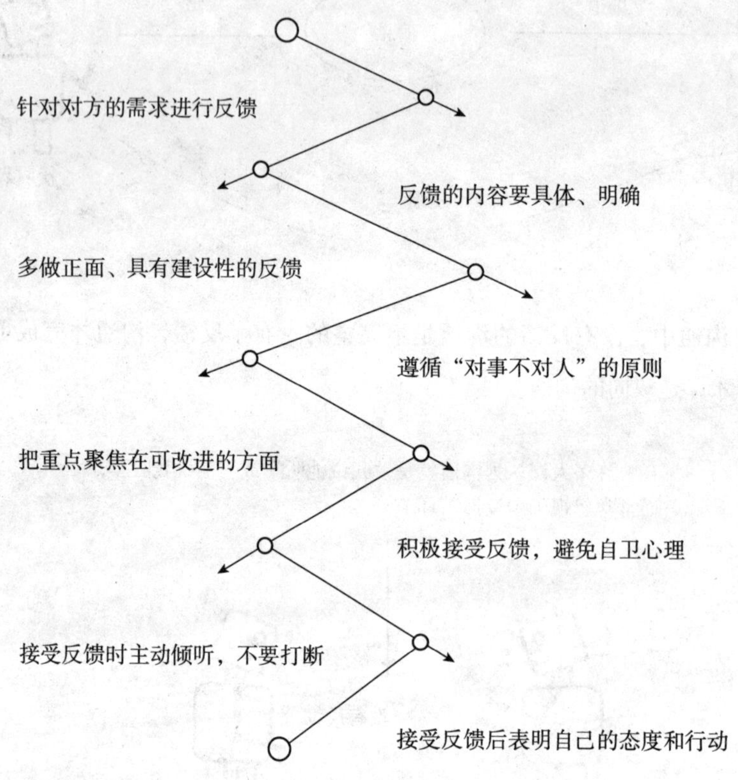

4.3 协商讨论

有效地沟通，不是压倒对方或者赢过别人，而是要解决冲突、创造共识。因此，沟通更多的时候需要的是心平气和地协商讨论，而不是针锋相对地辩论。

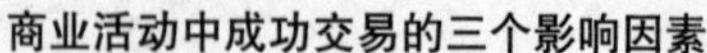

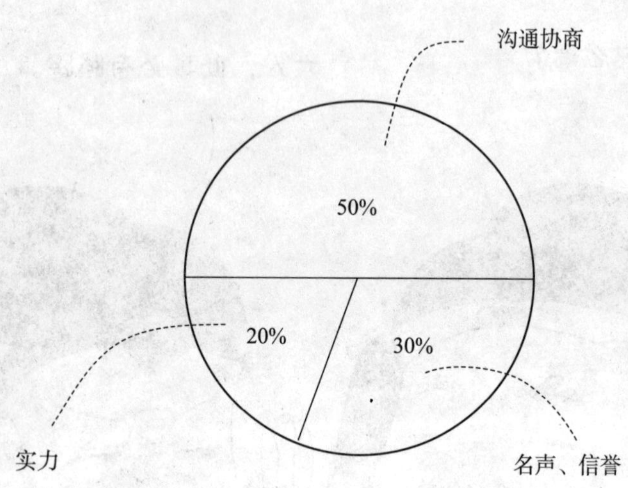

双向沟通是信息发送者和接收者双方参与的沟通，需要彼此交流、协商讨论，必要的时候，双方还需要进行多次重复商谈，直到达成共识为止。

双方在协商讨论时需要遵循以下原则。

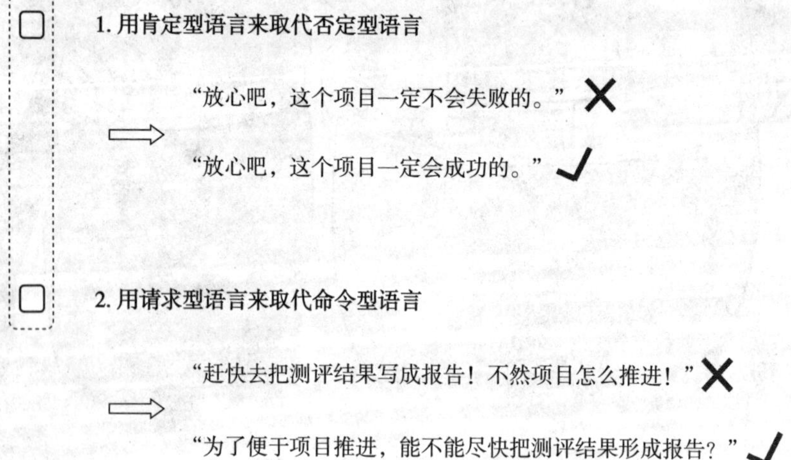

- [ ] 3. 用问句表示对对方的尊重

⟹ “关于这个项目我有几个问题想和你谈一谈。现在方便吗？”

- [ ] 4. 拒绝时以对不起和请求型的话语同时并用

⟹ “对不起，我手头上有个很急的方案需要赶出来，没办法帮你做问卷。可不可以明天再做，或者找其他同事帮你？”

- [ ] 5. 不下断语，让对方自己做决定

⟹ “……所以说，我个人感觉风险性较大。你觉得呢？”

- [ ] 6. 清楚自己的身份和职权

⟹ “就事论事，我只是提供一些建议，并不想干涉你的工作。”

- [ ] ______________________________

4.4 换位思考

——要想钓到鱼，鱼饵必须适合鱼的口味。

工作中出现沟通不畅的原因多半是因为所处立场、环境不同所造成的，如果只注重充分表达自我，而忽视了解对方的真意，则双方很难彼此理解。而如果能多站在对方的立场上换位思考，事情就会很快解决。

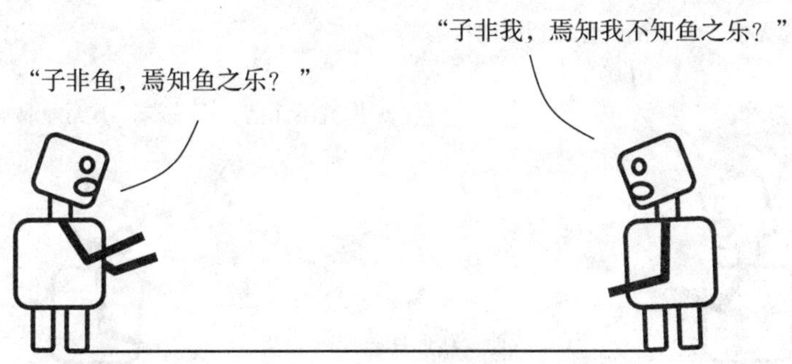

怎样才算是换位思考呢？俗话说，“要想知道别人的鞋子合不合脚，穿上别人的鞋子走一英里。”感同身受是人际交往的基础，也是有效沟通的基石。只有站在对方观点的立场上，从对方的环境、心理考虑，才能做到彼此认同。

而要想做到彼此认同，就需要在语言状态和心理情绪两个方面做到“同步”。

1. 语言状态同步

语言状态的同步包括语言文字同步、语调语速同步和肢体语言同步。

2. 心理情绪同步

沟通时和对方保持同样的心理和情绪，才能更好地获得认同和好感，更加容易沟通。这就是心理情绪同步。

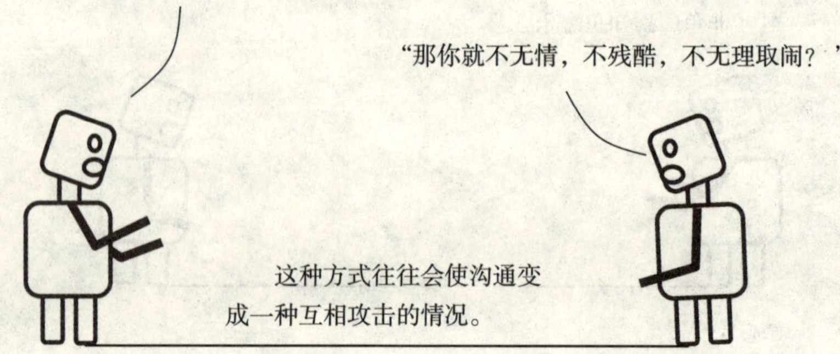

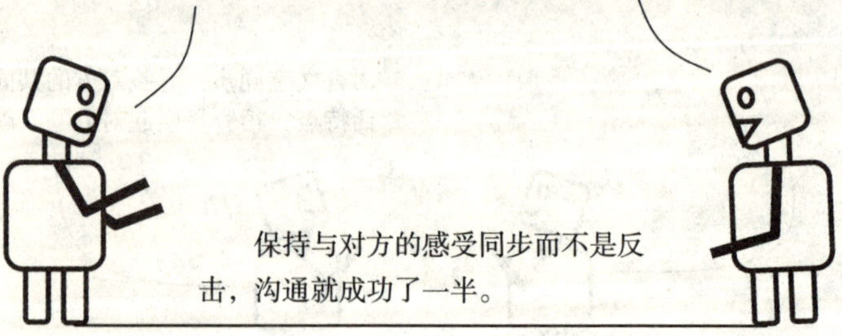

4.5　处理异议

——有异议说明有兴趣。

人的知识、经验、态度、观点、个性不同，对同一信息的看法和理解也可能不同。因此，沟通中产生异议实属必然。

异议一旦产生，就应该及时处理，寻找共同的目标和恰当的方法来消除分歧。否则，不仅会导致沟通破裂，而且很可能还会引发人际关系上的冲突和矛盾。

案例：处理异议四步曲

Jack：“这个项目由你来带领大家完成，你觉得怎么样？”	一般性引导。
Alex：“我一直都是执行角色，恐怕带不好团队。”	
Jack：“嗯，你担心团队管理问题，我理解。还有其他担心吗？”	不反驳，重复表示收到，用一般性引导收集异议。
Alex：“我觉得这个项目关系重大，怕辜负了您的信任。”	
Jack：“嗯，你已经认识到了这个项目的重要性。还有其他顾虑吗？”	不反驳，重复表示收到，再用一般性引导继续收集异议。
Alex：“我还年轻，老员工应该不愿意听从我的指挥吧？”	
Jack：“有这样的顾虑是很正常的。还有其他的吗？”	不反驳，将心比心表示理解，仍用一般性引导继续收集异议。
Alex：“没有了。”	
Jack：“好的，我了解了。你提到三个问题，哪一个你认为最严重？”	不反驳，表示已经了解，再用一般性引导确认真正的异议。
Alex：“老员工不服从指挥。”	
Jack：“好的，我明白了。你担心老员工不配合工作。”	不辩解，重复以确认。
Alex：“是的。”	

第1步 确认真实的异议

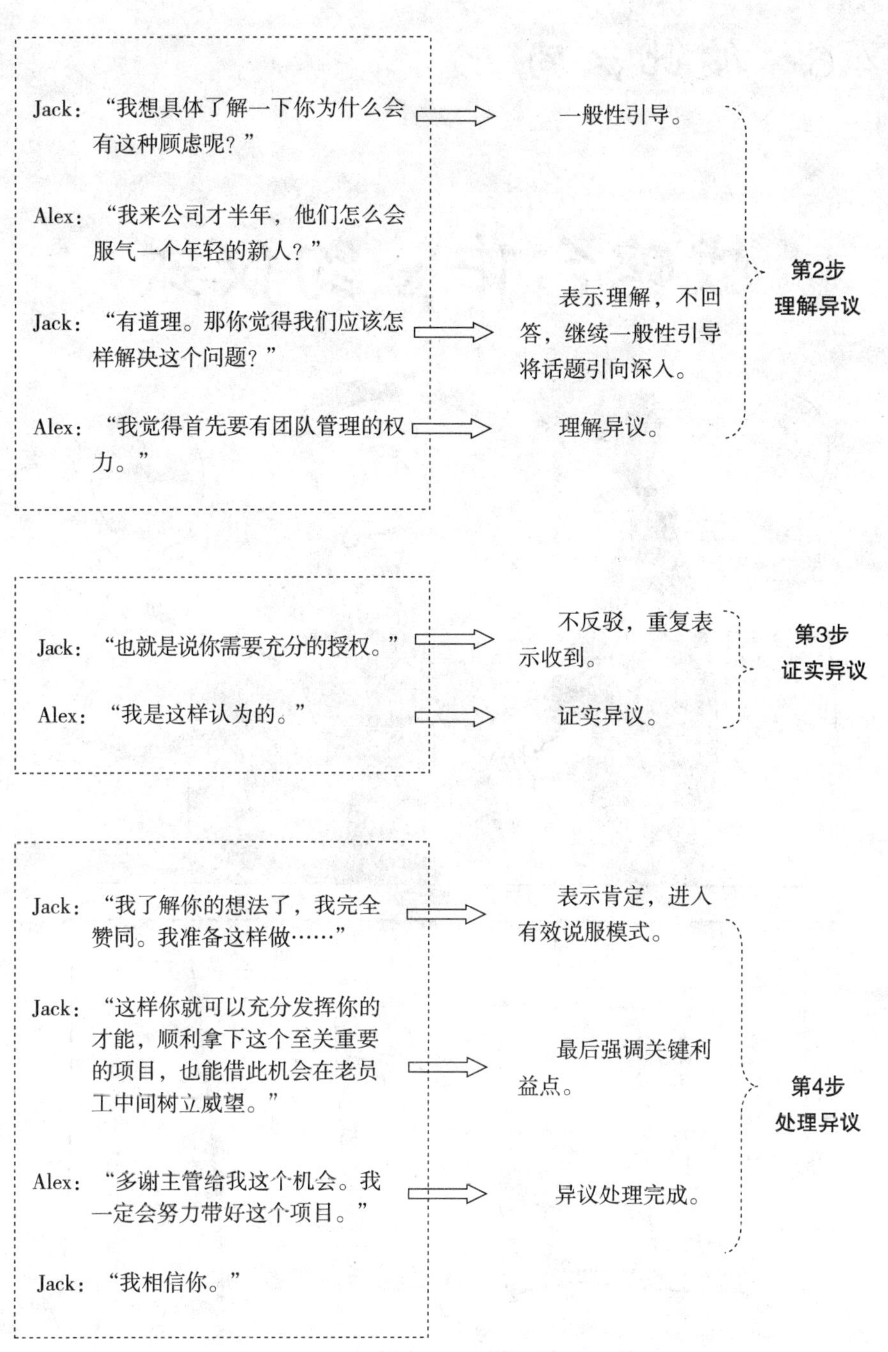
Jack：“我想具体了解一下你为什么会有这种顾虑呢？”
一般性引导。
Alex：“我来公司才半年，他们怎么会服气一个年轻的新人？”
Jack：“有道理。那你觉得我们应该怎样解决这个问题？”
表示理解，不回答，继续一般性引导将话题引向深入。
Alex：“我觉得首先要有团队管理的权力。”
理解异议。
第2步
理解异议
Jack：“也就是说你需要充分的授权。”
不反驳，重复表示收到。
Alex：“我是这样认为的。”
证实异议。
第3步
证实异议
Jack：“我了解你的想法了，我完全赞同。我准备这样做……”
表示肯定，进入有效说服模式。
Jack：“这样你就可以充分发挥你的才能，顺利拿下这个至关重要的项目，也能借此机会在老员工中间树立威望。”
最后强调关键利益点。
Alex：“多谢主管给我这个机会。我一定会努力带好这个项目。”
异议处理完成。
Jack：“我相信你。”
第4步
处理异议

4.6 彼此认同

战略合作签约仪式

——没有认同，就没有合同。

没有认同，就难以产生合作和信任，就不会有和谐的人际关系。缺乏基本的认同感，导致彼此之间缺乏信任，是阻碍有效沟通实现的重要原因之一。在双向沟通中，沟通是手段，认同才是目的。

沟通是双向的，互动的过程，认同感的建立也是一个双向的过程。

彼此认同的四个阶段

1. 承认不同点

⇨ 承认不同点的存在，承认对方的价值。
承认差异的合理性，承认沟通的存在。

2. 寻找共同点

⇨ 察言观色，寻找共同点；巧妙试探，侦察共同点。
揣摩谈话，探索共同点；步步深入，挖掘共同点。

3. 增强共鸣感

⇨ 在理解和尊重的基础上换位思考，找准兴趣点、关注点。
围绕具体的人、事、观点进行深入地沟通，不要泛泛而谈。

4. 强化认同感

⇨ 从浅层次的、外在的、一般的沟通到深层次的、内在的、双向的沟通，由外到内、不断深化、不断强化。
共同点越多，共鸣感越强；共鸣感越强，认同感越强。

另外需要注意的是，人们常把有效的沟通与意见一致混为一谈。彼此认同常常被错误地解释为沟通双方达成协议，而不是准确理解信息的意义。

正所谓“世界上没有两片完全相同的树叶”，每个人都是独一无二的，出生背景、所受教育、人生经历的不同决定了每个人都会有自己不同的思想情感，不同的气质，不同的思维方式。

古语云，“君子和而不同”，有差别才能最终完美。真正的认同是求同存异，通过交换意见、沟通思想而求得共识。而不是“同而不和”，追求表面上的时时处处保持一致。

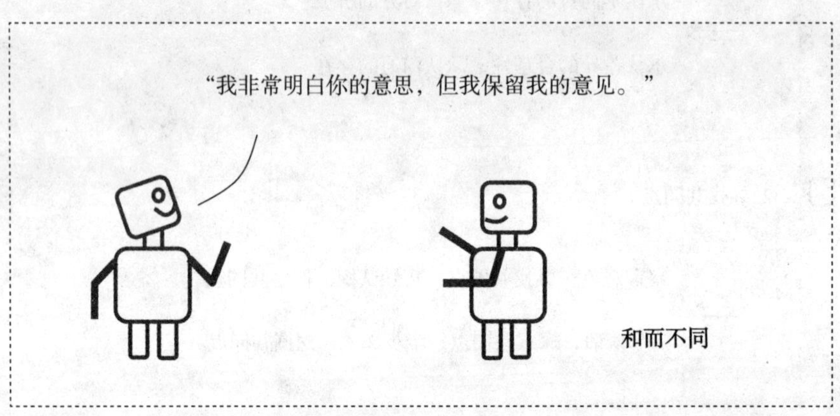

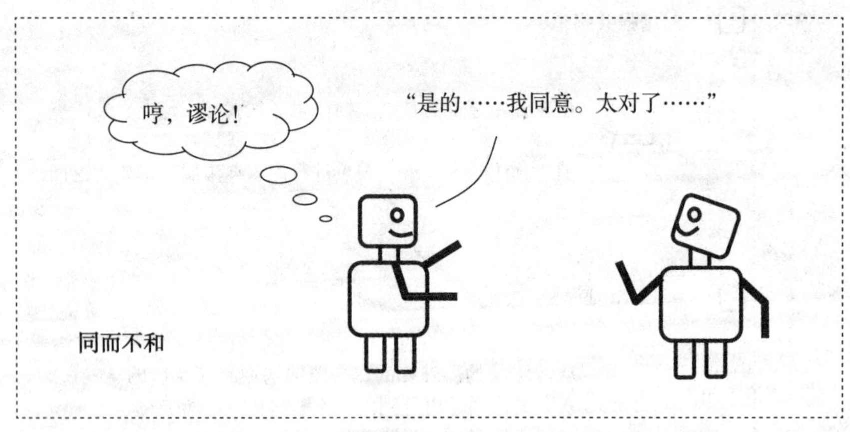

第 5 章

上行沟通

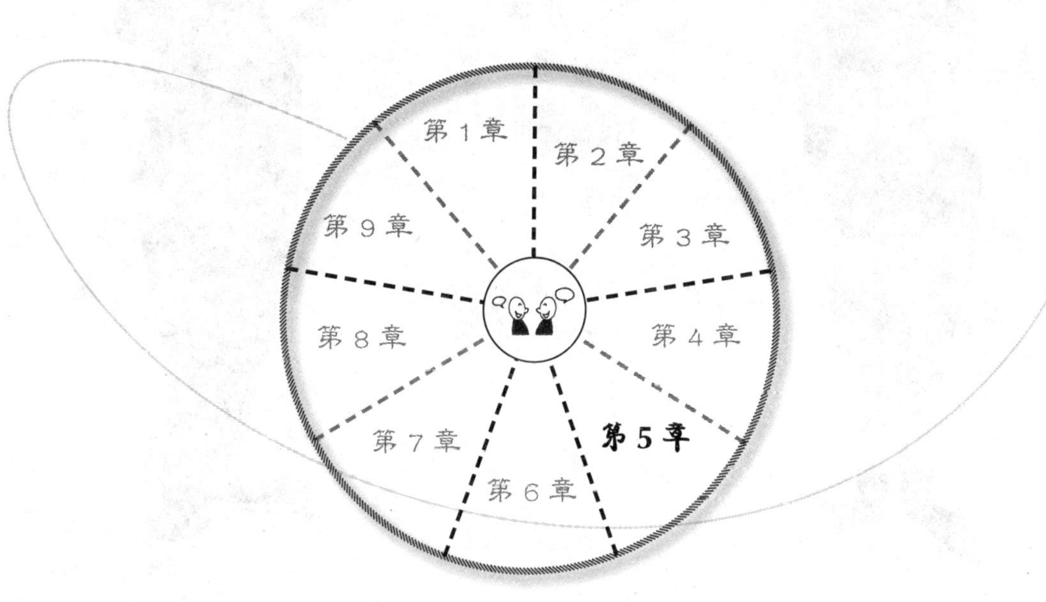

主动沟通

尊重权威

适时汇报

巧妙进谏

谨慎回答

承认错误

5.1 主动沟通

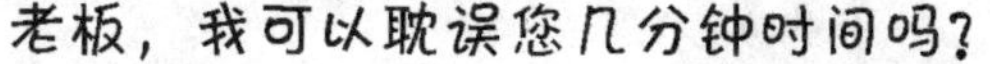

——“让老板知道我干什么”比“干什么”更重要。

在上行沟通过程中，下级因处于弱势地位，或慑于周围人际环境的压力，容易产生一定的心理距离和心理障碍，遇见上级往往“绕道走”，主观上不愿主动与上级沟通。

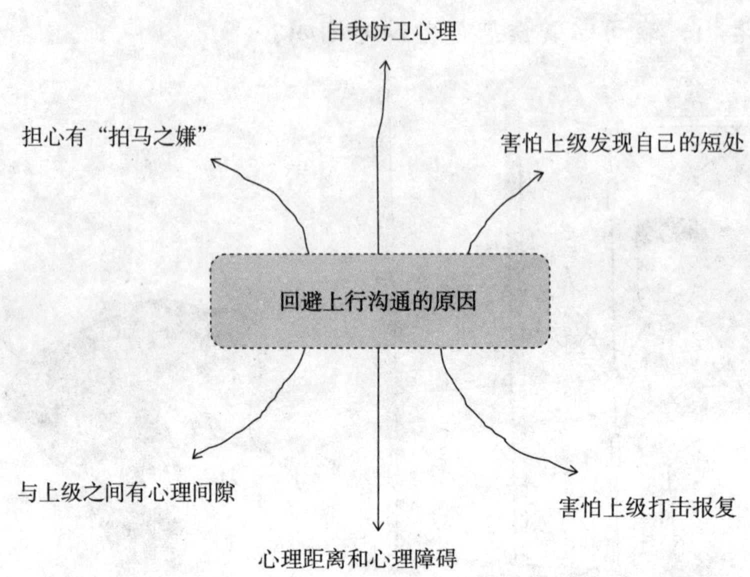

上级往往工作繁忙，无法面面俱到。主动和上级沟通，有效展示自我，不仅可以消除彼此间的隔阂，使上下级关系更融洽，而且更容易让自己的能力和努力得到上级的肯定，引起上级重视并得到更多的工作机会和发展空间。

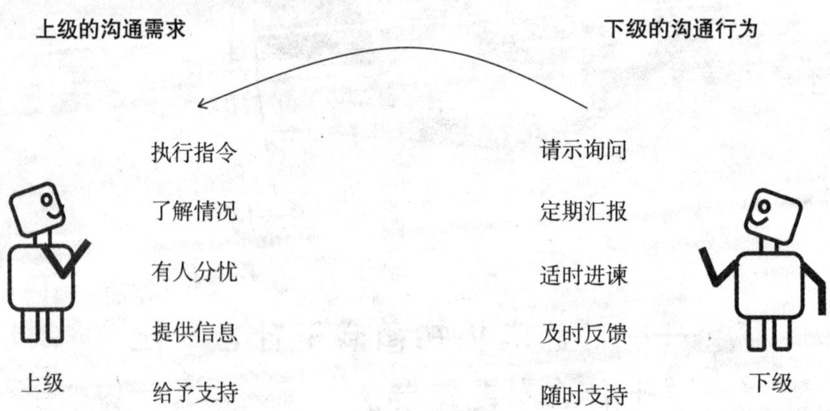

上行沟通要讲究方法、运用技巧。

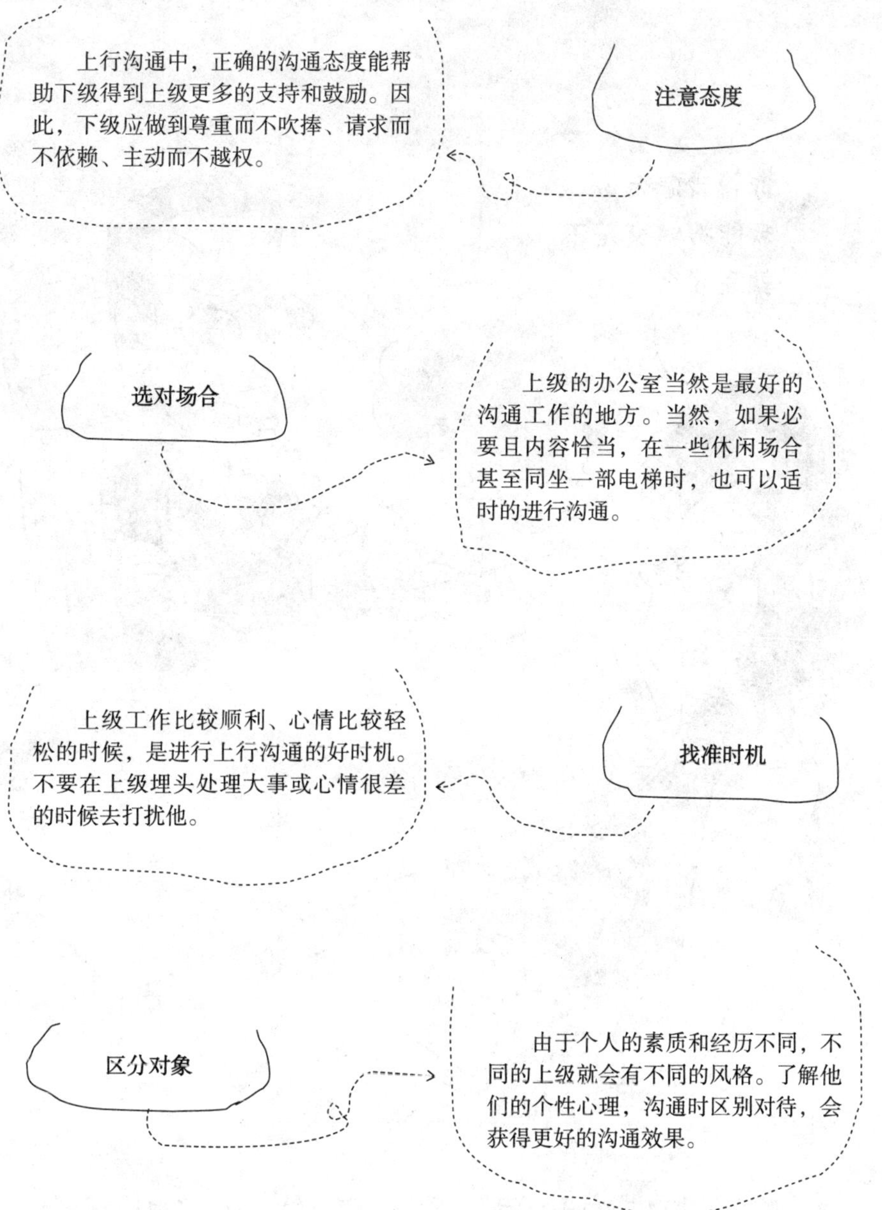

5.2 尊重权威

——即使你和领导是哥们儿，在工作场合也不能“没大没小”。

在上行沟通中，要尊重上级的权威。上级之所以为上级，必有其过人之处，不论其是否值得敬佩，下级都必须尊重他。

1. 服从上级

服从上级的领导，不要对上级采取抗拒、排斥态度。下级服从上级是起码的组织原则，也是对上级最基本的尊重。

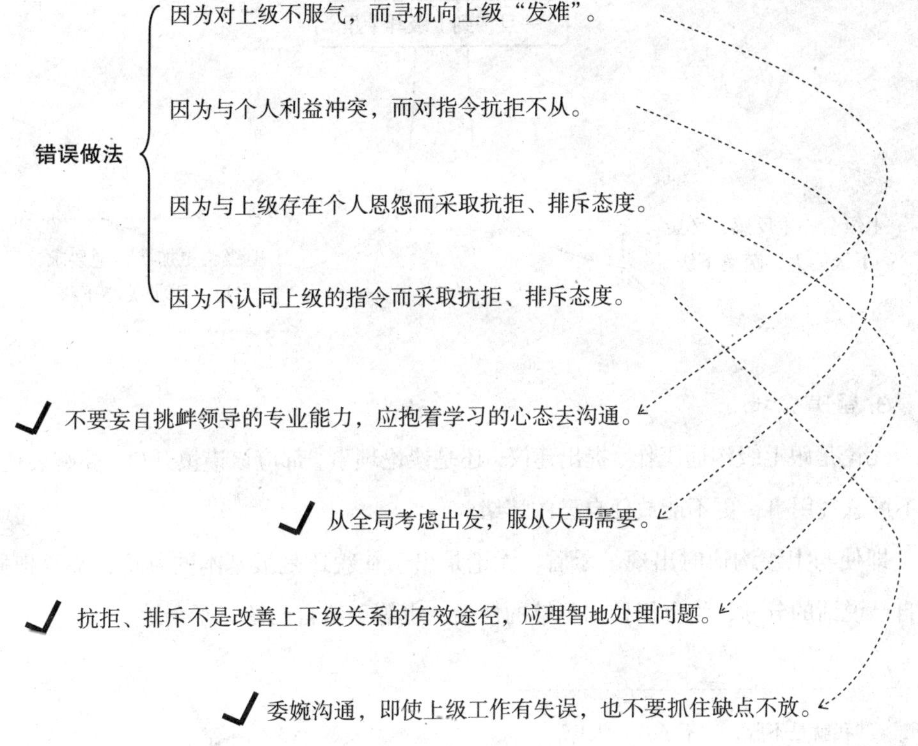

2. 莫论人非

任何公司需要的都不是整天评头品足的“评论员”，而是脚踏实地的“实干家”。因此，无论是当面还是背后，都不要对上级挑三拣四、指指点点。

“静坐常思己过，闲谈莫论人非。”把精力用在工作上而不是背后非议他人（尤其是上级）上，更容易赢得上级的好感。经常抱怨上级或工作，不仅会使上级产生厌烦心理，而且会在组织中引起不良倾向。

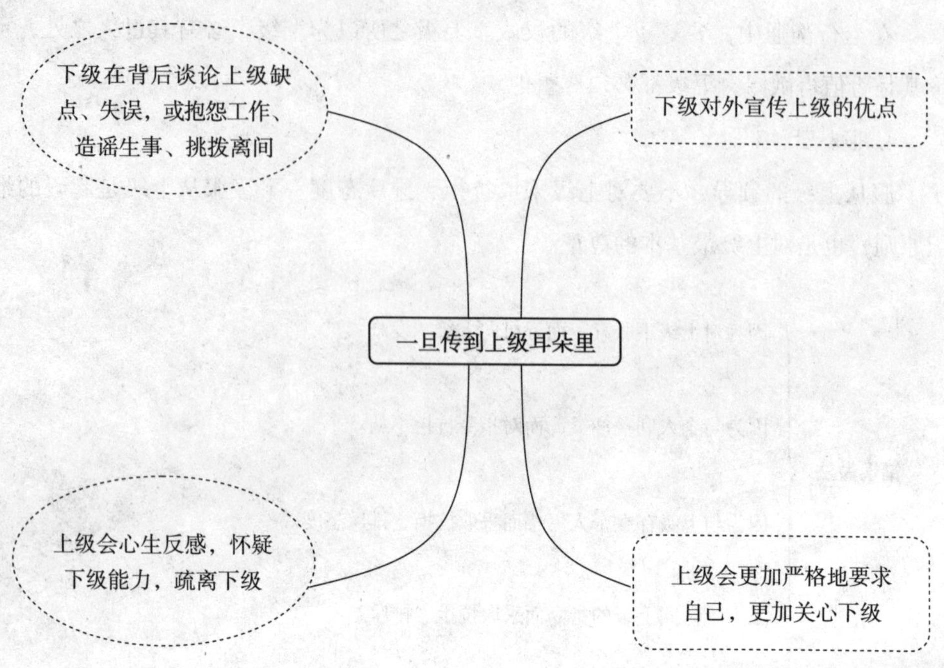

3. 留有余地

无论是跟上级沟通工作、提出建议，还是谈论琐事，都应该谨慎开口，委婉表达。切不可意气用事，更不能放任自己的情绪。

即使与上级沟通时出现了矛盾，无论是出于礼貌还是最基本的尊重，都要把握好自己说话的分寸，给上级留出足够的情面，也等于给自己留下了余地。

5.3 适时汇报

——不会汇报工作，还敢拼职场？

汇报本身就是工作的一部分，下级做好详细的汇报工作，上级才会感到放心，才会对下级委以重任。但是，现实中很多人并不会汇报工作，或者说不能巧妙地汇报工作。

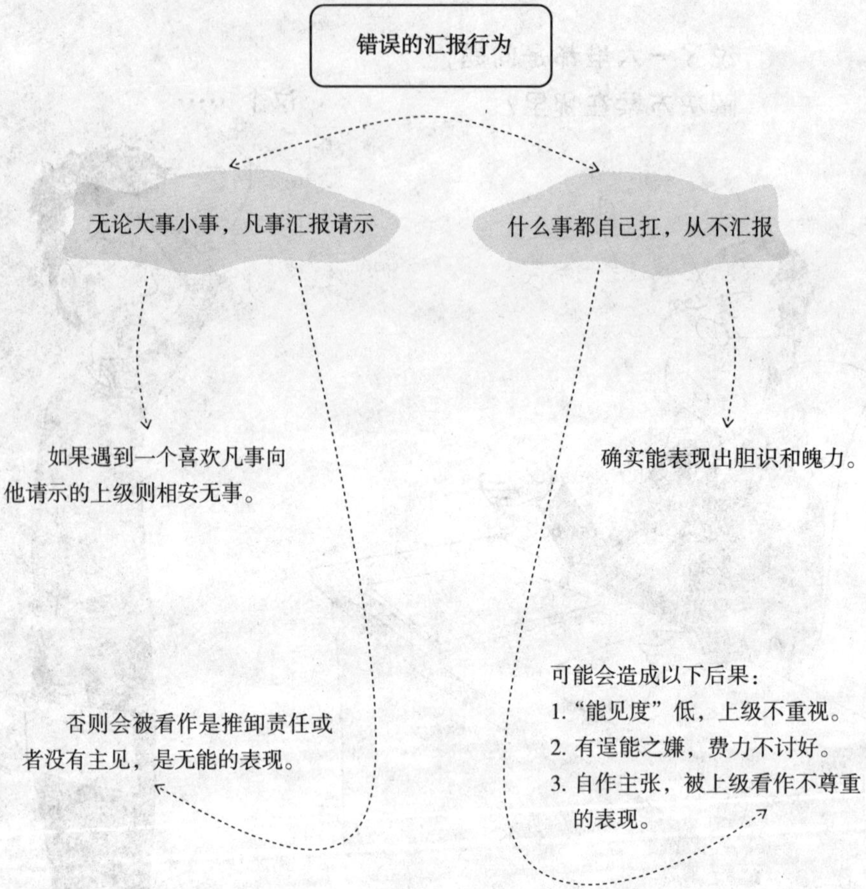

错误的汇报行为

无论大事小事，凡事汇报请示

如果遇到一个喜欢凡事向他请示的上级则相安无事。

否则会被看作是推卸责任或者没有主见，是无能的表现。

什么事都自己扛，从不汇报

确实能表现出胆识和魄力。

可能会造成以下后果：

1.“能见度”低，上级不重视。

2. 有逞能之嫌，费力不讨好。

3. 自作主张，被上级看作不尊重的表现。

汇报是一门技术活儿，一次好的工作汇报，可以让成绩得到肯定，使上级对自己另眼相看；相反，工作与成果很可能会被上级无情地否定，甚至工作能力也会遭到质疑。

1. 汇报时机很重要

在工作开展过程中，最好将随时汇报与阶段汇报相结合。

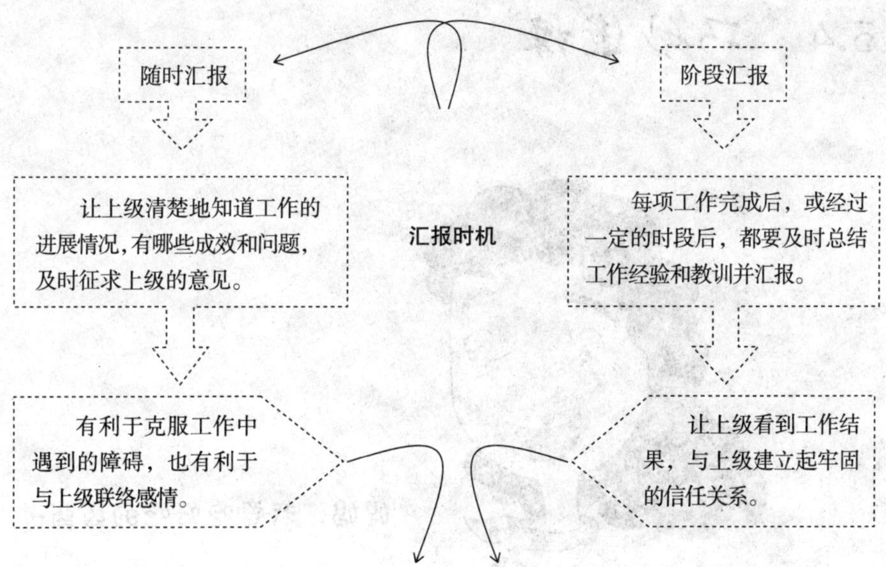

注意：向上级汇报工作时要先缓和营造有利于汇报的氛围。

2. 做足功课和准备

要关注上级的期望，汇报的内容应该与上级原定的计划和期望相对应。汇报前对可能存在的问题预先提出多种应对或解决方案，请上级协助判断和选择。

请示汇报不应抛“问答题”给上级，而应用“选择题”的方式列出解决选项供上级选择。

5.4 巧妙进谏

妈妈，我要吃好吃的药药~

——良药不必苦口，忠言也可以顺耳。

上级在作决策、订计划、实施指挥时，囿于各种限制，难免会出现失误。如果因为害怕得罪上级而保持沉默，或为了讨上级欢心而违心迎合，不仅有损组织发展，还会祸及自身。

在指出和弥补上级的失误时，很多人都认为“忠言逆耳利于行，良药苦口利于病”。但是，如果能达到“治病”的目的，“忠言不逆耳”“良药不苦口”效果会更好。

1. 以迂为直

指出上级的失误，不一定要直言其弊，有时容易让上级心理上承受不了或下不来台。因此，不妨采取“以迂为直”的战术，走迂回路线。

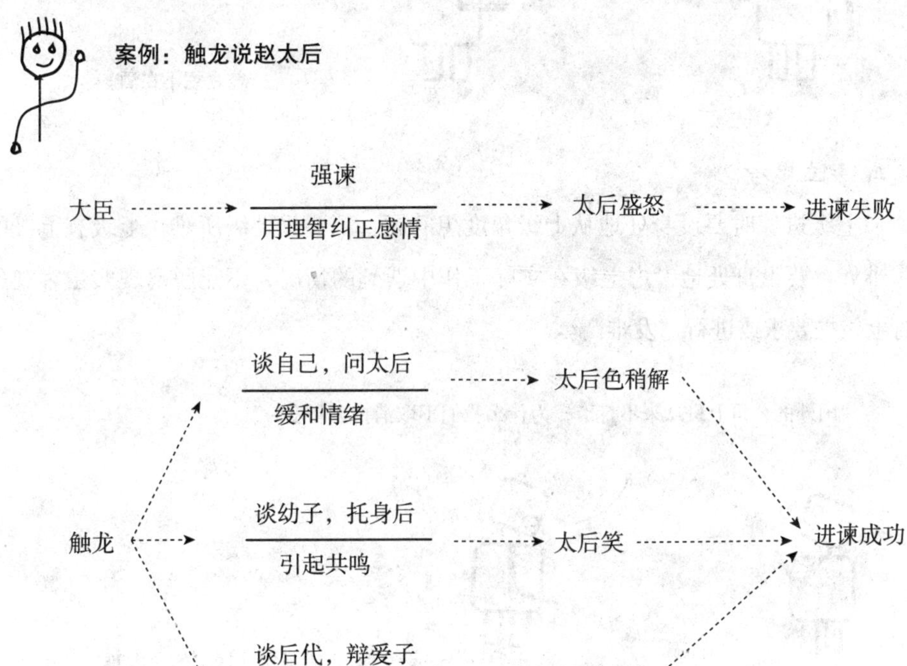

2. 积极“补台”

对于上级的失误，下级应该及时站出来“补台”，帮助上级弥补失误。

所谓“互相补台，好戏连台；互相拆台，一起垮台”，消极的交往态度会使上下级关系变得更加紧张或冷漠，面对面沟通，公开、透明、坦诚地交换意见，善意地帮助上级改进工作才能提高整体工作效能。

3. 旁敲侧击

有时候，可以通过对一些经典的事例或生活中比较典型的事情进行一些评价，向上级暗示自己对公司某件事情的个人看法，或暗示自己的一些要求。如：

4. 换位思考

向上级进谏时要设身处地从上级角度想问题，不要强上级所难。上级有上级的工作难处，要设身处地考虑上级在实际工作中遇到的情况，不能脱离现实主客观条件对上级提要求或进行“发难”。

5. 坚持不懈

向上级提建议时要有耐性。要取得上级的支持，必须有不怕挫折、不怕反复的精神，勇敢接受误会和指责，反复地向上级说明自己的观点，逐步使上级了解新建议的内容与好处，从而达到说服上级、取得上级支持的目的。

5.5 谨慎回答

——说话不经大脑，往往会搬起石头砸自己的脚。

职场中上行沟通要慎重，不能口无遮拦、没有分寸。凡事开口之前先三思，结合当下状况和对方特点谨慎发言。

1. 认真倾听

回答上级的问题前首先要学会倾听，并对上级的指示或问题加以领悟与揣摩。只有在认真倾听中，才能听清弦外之音，悟透话外之意。

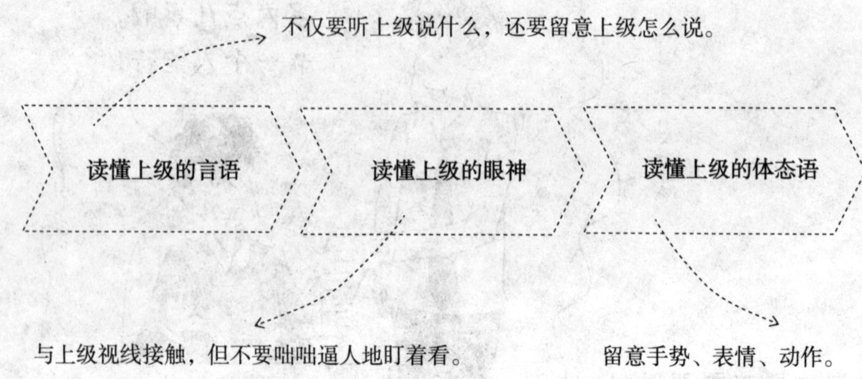

2. 坚持立场

看问题要有自己的立场和观点，不能一味地附和或迎合上级。如果确信自己在某件事上没有过错，就应该采取不卑不亢的态度。在必要的场合，只要是从工作的角度出发，不必害怕表达出自己的不同观点。

3. 表达想法

在阐述想法时要学会发挥数字的威力，这样会大大增加可信度，上级就不会认为该想法只是一时头脑发热的结果。

- 多用数字材料，最直观，也最具说服力。
- 配合书面的详细材料，会加大可信度。
- 对上级可能会提出的疑问做好充分的准备。

4. 学会拒绝

如果上级的指示或要求确实存在失误，或难以实现，甚至纯属刁难，这时就要学会拒绝。可以直接说不，也可以委婉地避开。具体的方式要依据具体场合、上级性格等各种因素来综合考虑。

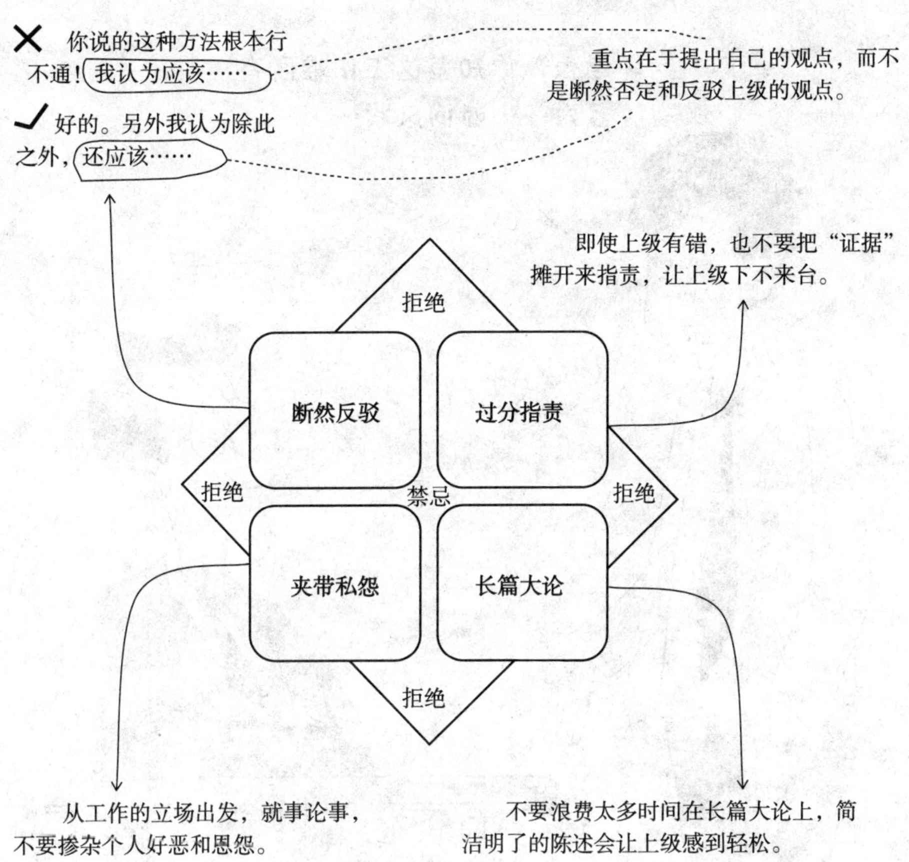

5. 谨慎评论

对上级提出的问题发表评论时应掌握恰当的分寸，轻易地表态或过于绝对地评价都容易导致工作的失误。很多时候，不经意的点头或者摇头都可能会被看作某种表态。

另外，不要对上级的私事妄加评论。

5.6 承认错误

——老板要的是结果，不是借口。

任何人都有可能会犯错，但有的人一旦在工作中出现纰漏或错误，就会感到内疚、自卑，后悔不已而不愿与上级沟通、交流，甚至因害怕被责备而寻找借口，不敢承认错误。

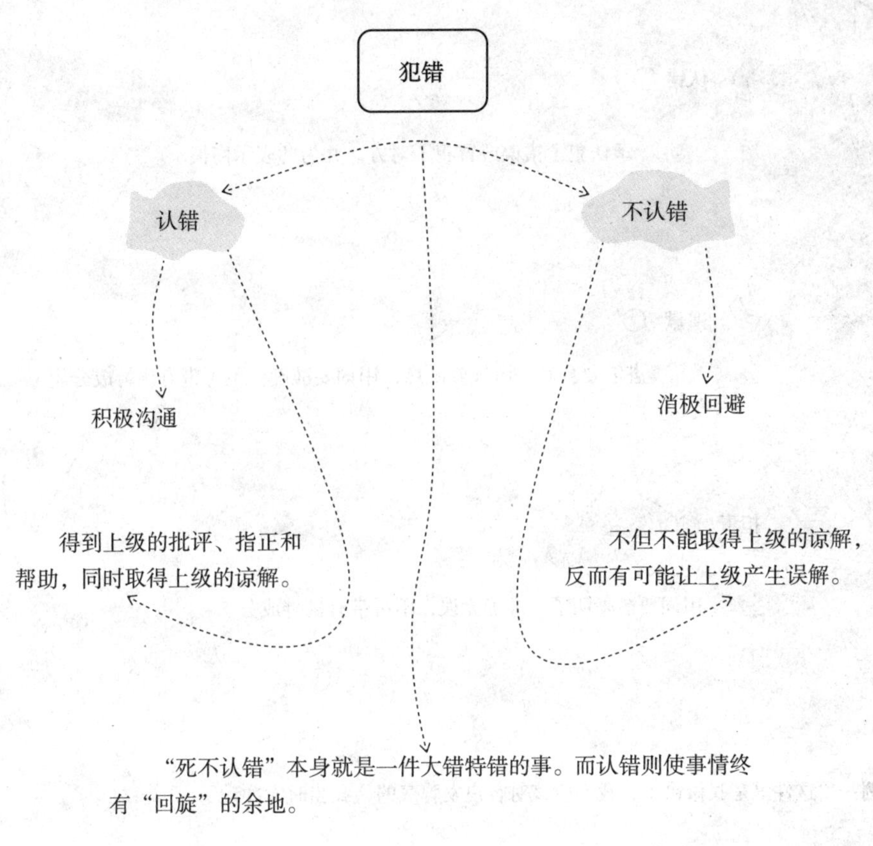

如果你是对的，要试着温和地、巧妙地让对方同意你；如果你错了，就要迅速而热诚地承认。这要比为自己争辩有效和有趣得多。

——戴尔·卡耐基

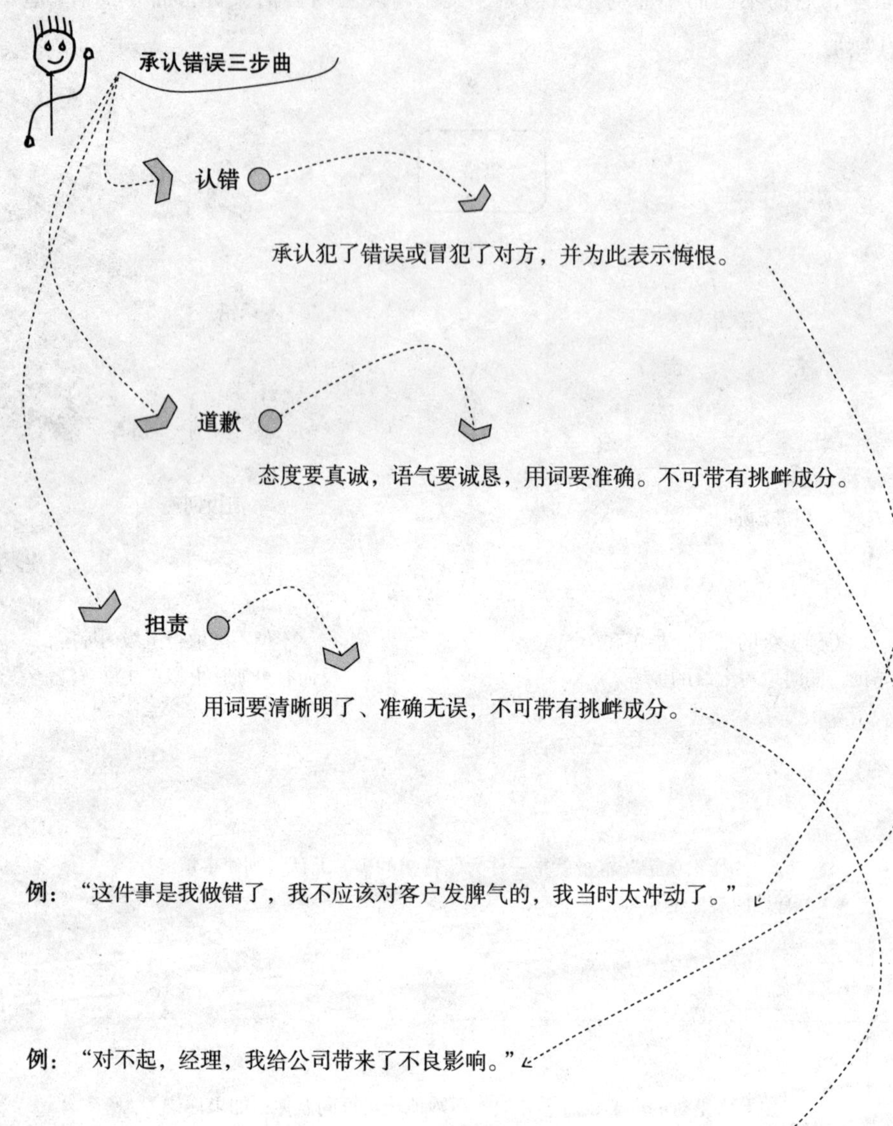

例：“这件事是我做错了，我不应该对客户发脾气的，我当时太冲动了。”

例：“对不起，经理，我给公司带来了不良影响。”

例：“我马上去给客户道歉，请求原谅并说服他继续与我们合作。”

第6章

下行沟通

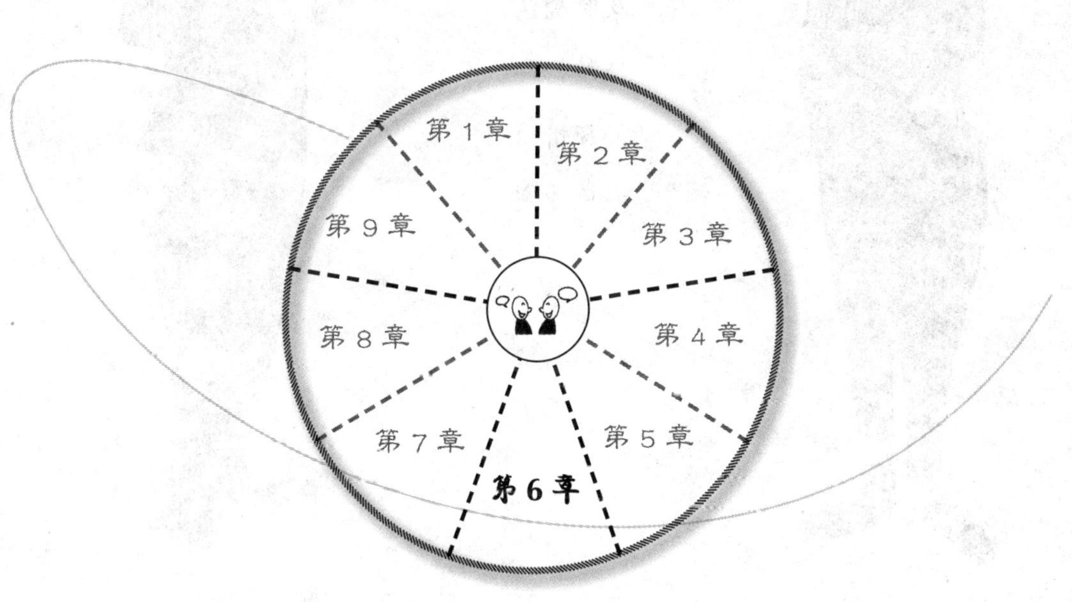

恩威并用
明确表意
及时确认
巧妙批评
安抚情绪
避免冲突

6.1　恩威并用

我知道今天赢了这单CASE大家都很高兴，但上班时间大声喧哗成何体统？

晚上下班我请客，出去吃大餐。

——恩威并济，威严自立。

下行沟通是企业沟通中最主要、最能有效提升工作效率的环节，却也是最容易产生无效沟通的环节。

有效沟通最重要的前提就是相互信任。要想下级信赖自己，上级在做下行沟通时就应该注意“恩威并用”。

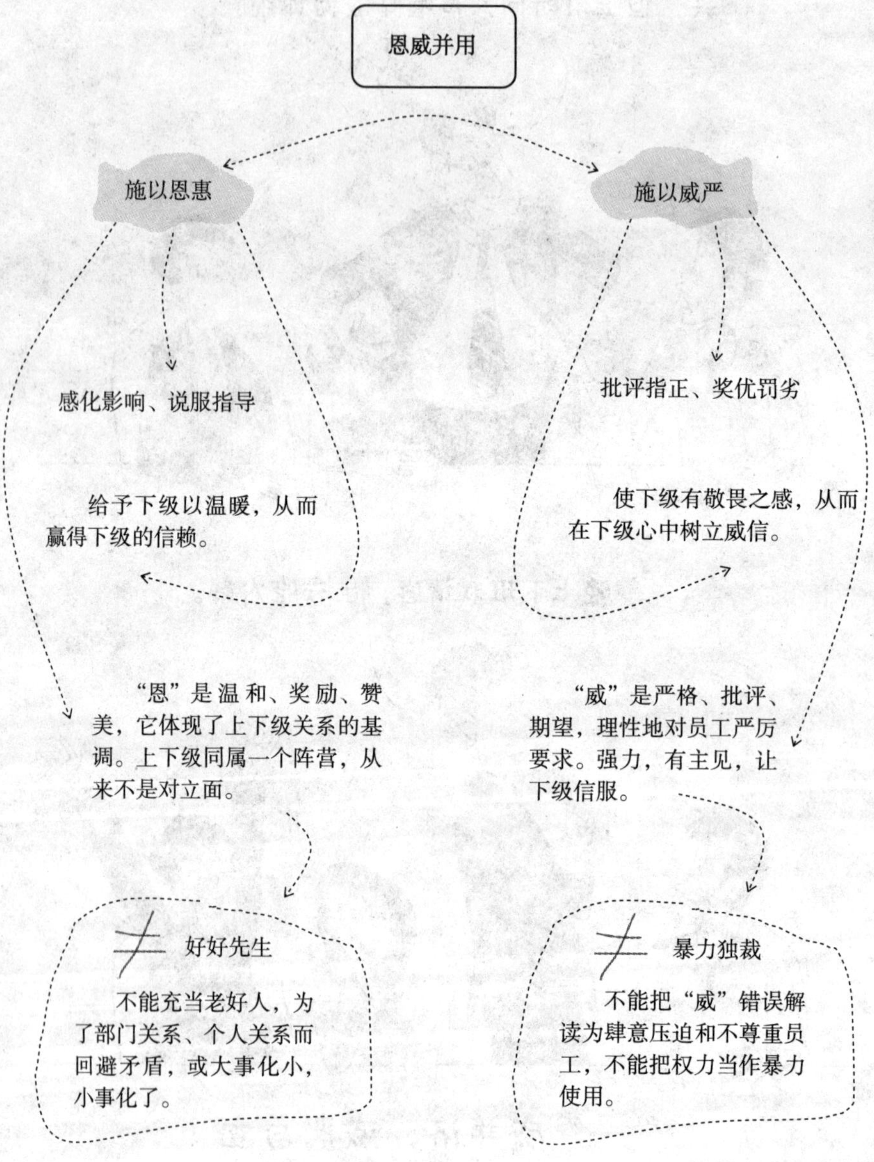

恩威并用

施以恩惠

感化影响、说服指导

给予下级以温暖，从而赢得下级的信赖。

“恩”是温和、奖励、赞美，它体现了上下级关系的基调。上下级同属一个阵营，从来不是对立面。

≠ 好好先生

不能充当老好人，为了部门关系、个人关系而回避矛盾，或大事化小，小事化了。

施以威严

批评指正、奖优罚劣

使下级有敬畏之感，从而在下级心中树立威信。

“威”是严格、批评、期望，理性地对员工严厉要求。强力，有主见，让下级信服。

≠ 暴力独裁

不能把“威”错误解读为肆意压迫和不尊重员工，不能把权力当作暴力使用。

上级施行“恩威并用”沟通策略最直接和有效的方式就是恰当地进行表扬和批评。

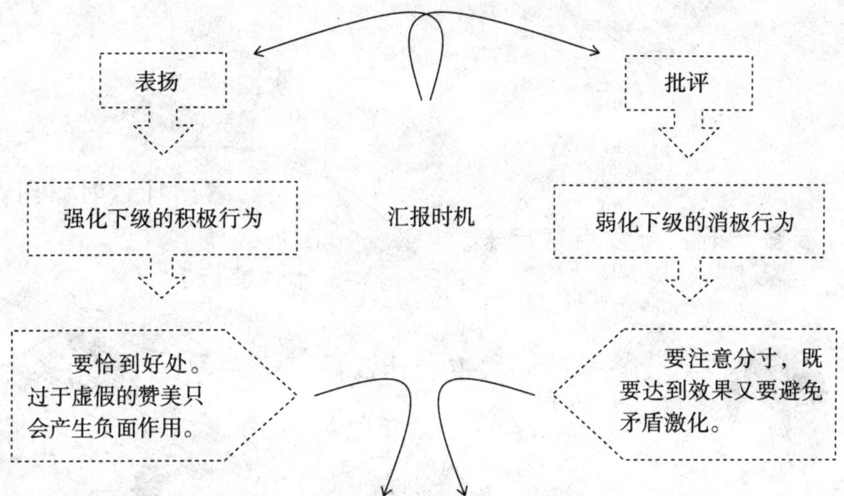

表扬与批评的动机不纯或方法不当，效果可能会与愿望相反。

6.2 明确表意

准备一下，一会有客户来。

准备什么？

什么客户？

客户什么时候到？

作为管理者，上级必然时常要为下级安排一定的工作任务，发布一些工作指令。这时就需要掌握正确传达指令，明确表意的技巧。

明确表意的技巧

1. 研究方向性

要让下级清楚指令，自己必须对指令了如指掌，搞清楚指令的缘由，不但知其然，还要知其所以然。

如：鉴于……的需要，所以……我们应该……

2. 保持一致性

指令一旦确定发出，一般不得随意变更，否则会让下级产生反感。这样会使下级失去对上级的信任、对工作的热情。

不要朝令夕改。

3. 兼顾可接受性

注意指令的可行性、可接受性，提前考虑下级对指令可能产生的心理和行动上的反应。

1. 态度和善，使其乐于接受。
2. 明确重要性，引起重视。
3. 明确自主权，调动积极性和主观能动性。
4. 充分准备，有问必答。

4. 注意具体性

向下级传达指令时，表述要尽量具体，避免使用一些抽象的说法，否则会让下级摸不着头脑，耽误整个指令的执行。

可用 5W2H 方法来表述指令。即明确目的（why）、时间（when）、地点（where）、执行者（who）、具体的工作任务（what）、工作量（how many）和如何做（how）。

5．保证明确性

工作指令沟通的重点在于激发对方所要采取的行动上，让对方明确要做什么，做到什么程度。

树立要求和标准。

6．注意全面性

指令沟通并非简单地告诉下级他们要完成的工作，还应该包括在工作中应承担的相应责任和一系列奖励承诺、激励措施，这样有助于下级更加积极地去完成工作。

了解下级心理和需求，表达期望并给予承诺。

7．表达简洁性

工作指令应干脆、利落，不能拖泥带水，也不能运用过多的艺术，以避免使指令接受者理解偏差。

例：明天下午三点，A公司的客户会来公司讨论××相关事宜，Helen负责接待，Alex主持会议，通知市场部全员参加。记得把相关资料准备好。有什么问题吗？

6.3 及时确认

——准确沟通，重在确认。

为了保证下行沟通的有效性，保证自己传达或接收的信息是准确的，上级就需要口头求证，引导下级做出沟通反馈，用确认取代猜测、猜疑和误解。

确认的三种形式

复述

重复某些关键词或语句，比如模糊的语言、带有情绪的语言、不理解的专业词汇等。鼓励对方继续表达或就某些问题做进一步说明。

探究

使用开放式提问探究更多的信息，以确认自己全面透彻地表达或接收了全部信息。

核实

通过提问对有疑问或有异议的信息进行核实澄清，以保证信息接收、理解的正确性。

例：下级：“比起A方案，我更倾向于B方案。”
上级：“B方案？”

例：下级：“经理，我觉得自己不适合做销售工作。能不能帮我调岗？”
上级：“你为什么觉得自己不适合做销售工作呢？”

例：上级：“我刚刚所说的标准，你们都理解了吗？”
上级：“我看你刚才没有举手，是不是有不同的意见？”

及时确认的注意事项

□ 1. 确认的目的就是要引导对方更好地表达，因此不要长篇大论地将焦点转移到自己身上。

“你明白我的意思吗？我是说……” ✕

“我表达清楚了吗？还有没有什么问题要问？” ✓

□ 2. 注意确认时的语气要平和，不能盛气凌人，给人以审问或责备的感觉。

“到底听明白了没有？” ✕

“还有什么不明白的地方吗？” ✓

□ 3. 带有目的性和针对性地进行确认，而不是随口问问而已。

“是吗？”

“我今天有点儿特殊情况，所以迟到了。”

✕

A上级

下级

“哦？发生了什么事，需要帮助吗？”

✓

B上级

6.4 巧妙批评

——有理不在声高。

批评是下行沟通中一种常用的沟通方式。但是，没有人喜欢被批评。如果不讲究方式，批评很容易引起负面影响——要么批评后的改进效果不佳，要么时常引起别人的误解。

要做到在批评他人的同时不伤害双方之间的关系，同时又使批评起到改变他人行为的效果，这就需要正确把握批评的原则。

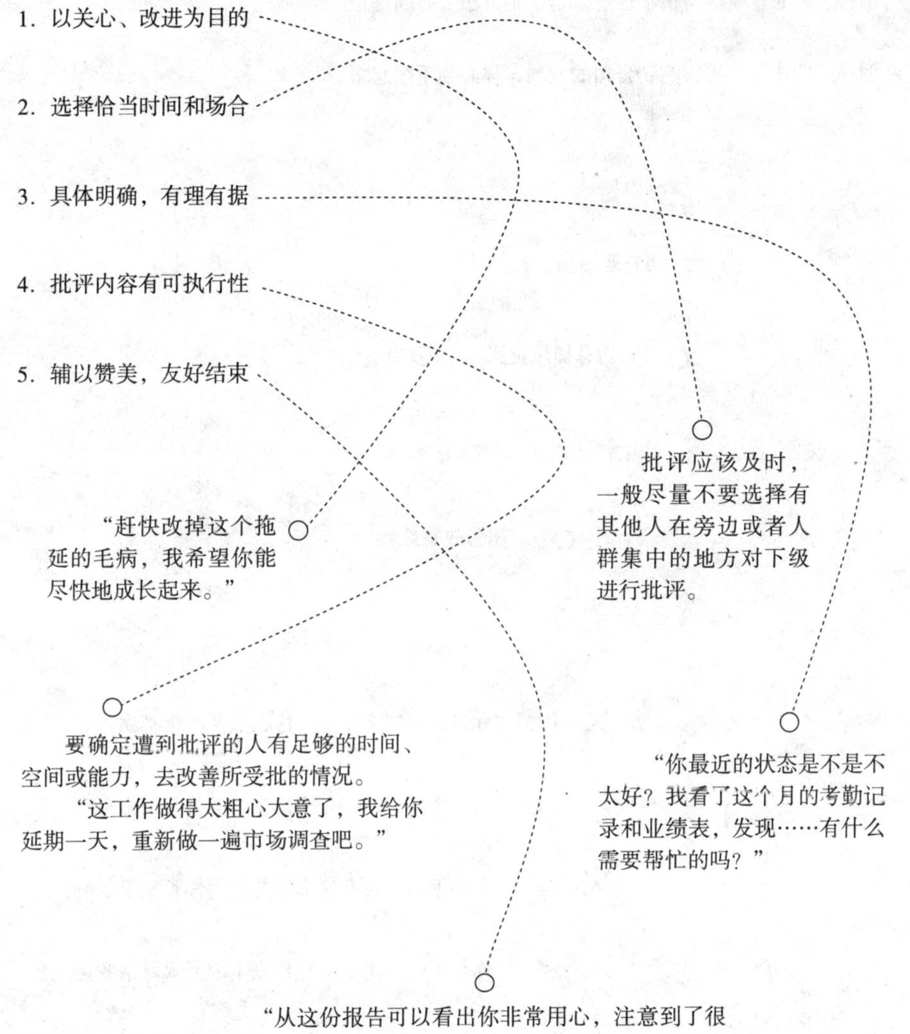

批评时一定要注意避免带有负面情绪的批评。负面批评是对自尊、效率和态度造成伤害的破坏性力量，会直接影响沟通效果和上下级关系。

✓ 例：“以你的能力不应该出现这种问题啊，是不是有什么困难？”

✓ 例：“这个月你请假很频繁，是不是遇到了什么问题？”

✓ 例：“你的业绩确实很不理想，是不是方法上有问题？”

✓ 例：“这任务直接影响到公司的发展，你必须重视起来。”

切忌恶语伤人

切忌捕风捉影

切忌人身攻击

切忌故意威胁

✗ 例：“你进公司这么久了，这么点儿小事都做不好？”

✗ 例：“为什么又请假？是不是在给其他公司做兼职？”

✗ 例：“世界上怎么会有这么笨的人？你长脑子了吗？”

✗ 例：“你是不是不想干了？再完不成明天就给我走人！”

6.5 安抚情绪

每位员工都是有血有肉有情感的普通人，都可能受到多种因素的影响，而导致情绪的波动。

可能引起员工情绪波动的因素

企业的发展前景
同事间人际关系
环境变化
岗位危机
工作进展
同一阶层员工的升迁状况
面临改革
身体状况
安定程度
劳资冲突
上级批评
工资差别
工作受挫
人员调动
家庭状况

一般来说，处于情绪低潮的员工的工作效率将会大大下降，造成企业员工的内耗，严重的话甚至会造成企业大面积不必要的人才流失。因此，安抚员工的情绪是上级身为管理者的一大挑战。

尽管员工的情绪可能会导致企业的危机，但上级不应将员工的情绪视为阻碍，而应该关心员工情绪的波动，正视员工的反应，去了解其背后的真正原因，进而安抚其情绪。

在安抚情绪时，要注意避免以下禁忌。

“简单粗暴”的下行沟通方式只会让员工带着压抑的情绪工作，必然会伤害员工的情感，甚至使少数员工产生消极或抵触情绪。

压制员工情绪外露的做法往往会适得其反，员工的正常情感反应必然会影响到工作时的表现，采取压制手段不是明智之举。

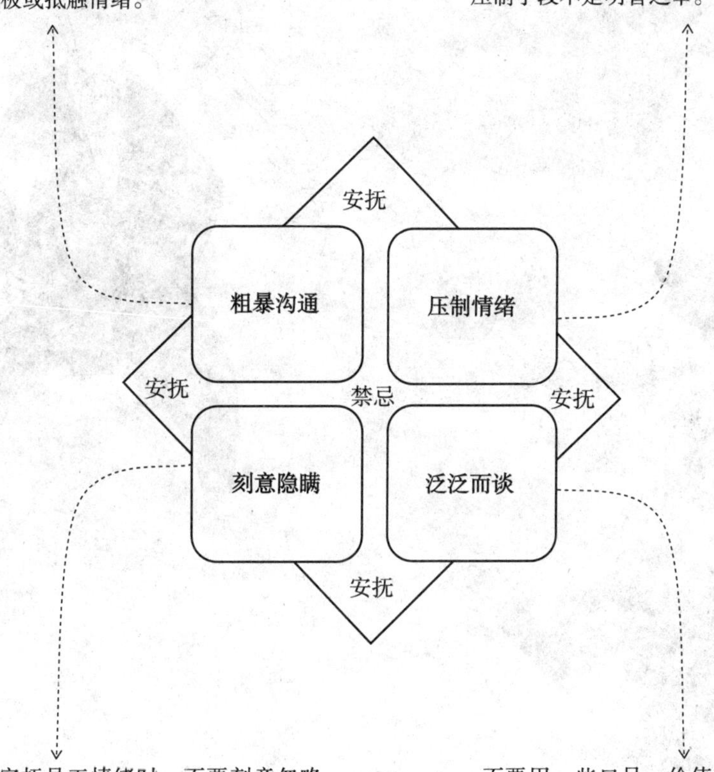

安抚员工情绪时，不要刻意忽略或隐瞒有可能造成员工情绪波动的现有事实或负面信息，这只会降低彼此间的信任度。

不要用一些口号、价值观、愿景等来安抚员工，否则很难引起共鸣。因为他们真正想知道的是该怎么做，而不是那些空泛的概念和苍白无力的安慰。

6.6 避免冲突

由于上下级之间权力、职位的差距，下行沟通常常会产生误解，导致上下级之间的关系不协调。

因此，在下行沟通中，上级应特别注意方式方法，以避免引起沟通冲突。

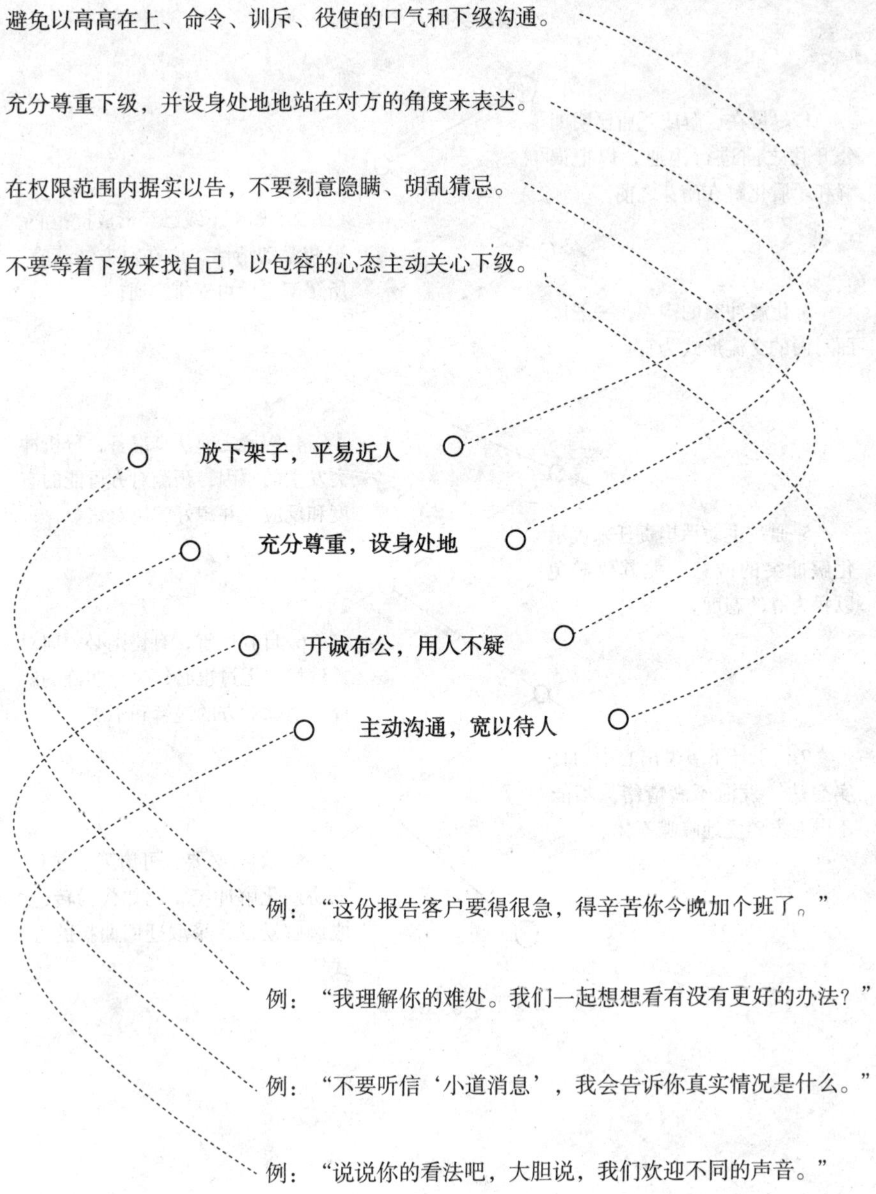

避免以高高在上、命令、训斥、役使的口气和下级沟通。

充分尊重下级，并设身处地地站在对方的角度来表达。

在权限范围内据实以告，不要刻意隐瞒、胡乱猜忌。

不要等着下级来找自己，以包容的心态主动关心下级。

放下架子，平易近人

充分尊重，设身处地

开诚布公，用人不疑

主动沟通，宽以待人

例：“这份报告客户要得很急，得辛苦你今晚加个班了。”

例：“我理解你的难处。我们一起想想看有没有更好的办法？”

例：“不要听信‘小道消息’，我会告诉你真实情况是什么。”

例：“说说你的看法吧，大胆说，我们欢迎不同的声音。”

除了提前避免沟通冲突之外，一旦沟通冲突发生，无论是什么原因导致了冲突，上级都有责任和义务妥善处理冲突。一般来说，应及时通过沟通来消除误解，化解矛盾，以防扩大和蔓延。

化解冲突的八个技巧

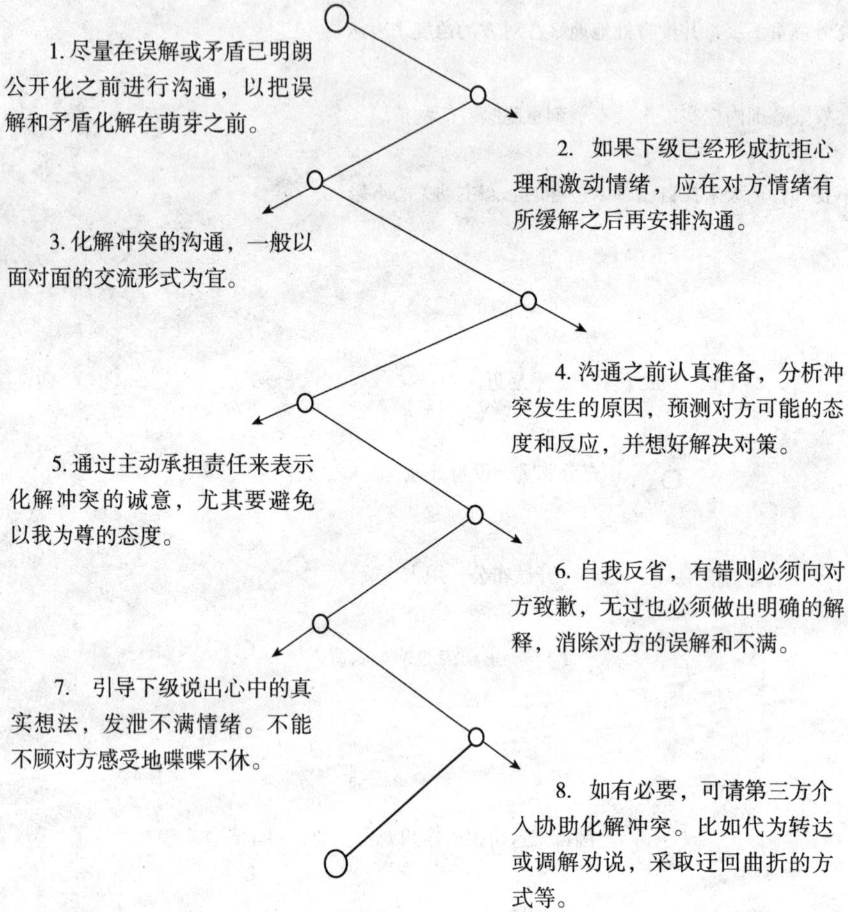

1. 尽量在误解或矛盾已明朗公开化之前进行沟通，以把误解和矛盾化解在萌芽之前。

2. 如果下级已经形成抗拒心理和激动情绪，应在对方情绪有所缓解之后再安排沟通。

3. 化解冲突的沟通，一般以面对面的交流形式为宜。

4. 沟通之前认真准备，分析冲突发生的原因，预测对方可能的态度和反应，并想好解决对策。

5. 通过主动承担责任来表示化解冲突的诚意，尤其要避免以我为尊的态度。

6. 自我反省，有错则必须向对方致歉，无过也必须做出明确的解释，消除对方的误解和不满。

7. 引导下级说出心中的真实想法，发泄不满情绪。不能不顾对方感受地喋喋不休。

8. 如有必要，可请第三方介入协助化解冲突。比如代为转达或调解劝说，采取迂回曲折的方式等。

第 7 章

平行沟通

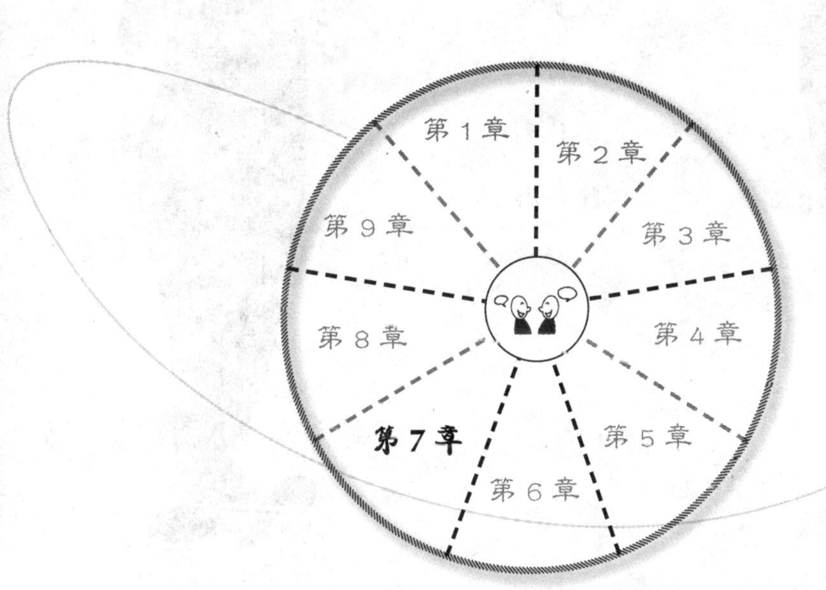

平等对待

容忍差异

适度赞美

寻求协作

主动让利

消除误解

7.1　平等对待

——没有平等就没有真正的沟通。

没有平等就没有真正的沟通。平等是沟通的前提，人与人之间只有在人格上相互平等、相互尊重、相互理解的基础上进行亲切、友好的交流，才能真正提高沟通的效率。

平等的沟通模式

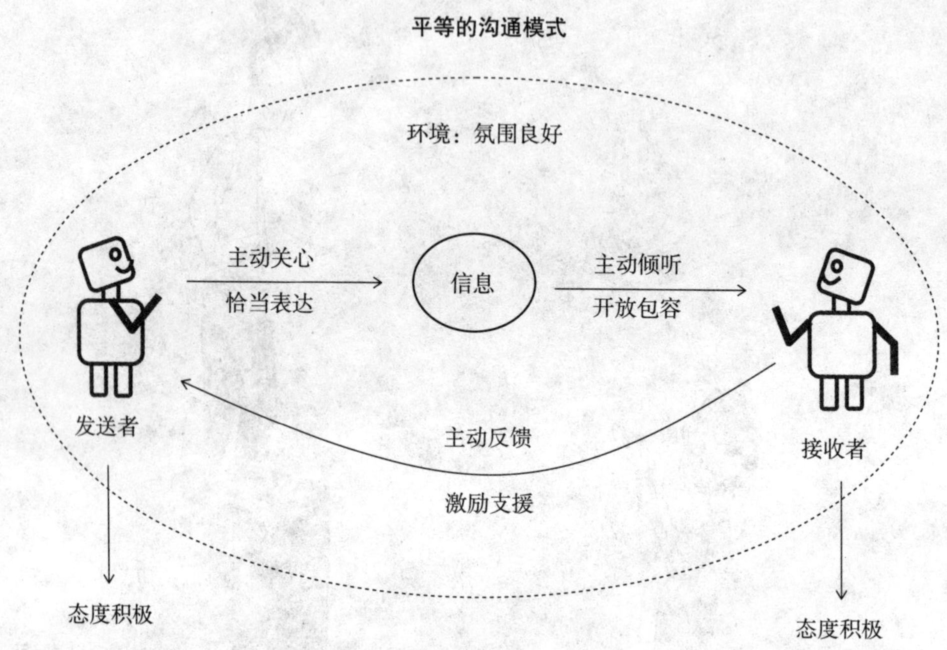

在平行沟通中，平等的沟通特别强调信息发送者和接收者沟通态度的积极和沟通环境（渠道）的良好。

态度积极是实现平等沟通的首要因素。这要求沟通双方抛开身份和地位差异，以亲切、友好的态度主动与对方进行交心。多鼓励，少批评，以亲人聊天的方式进行对话。

恰当表达是实现平等沟通的基本要素。这要求沟通双方要注意语气亲和、语调积极，并以主动的姿态积极倾听和反馈。同时还要控制情绪，以平和的心态进行交流。

环境良好是实现平等沟通的必然保障。这要求沟通双方积极倡导和营造民主、轻松、和谐的沟通氛围，根据需要选择合适的沟通环境和多样性的沟通方式。

实现平等沟通，可参照以下做法。

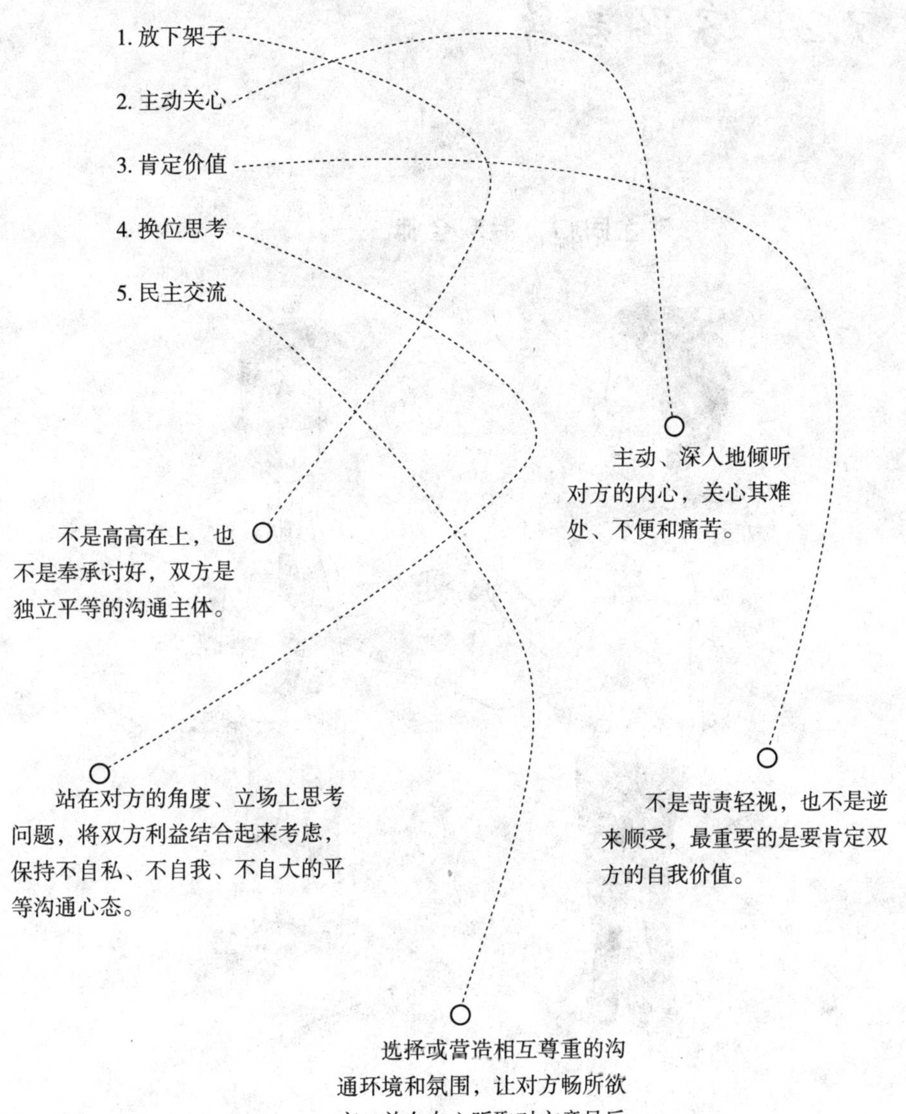
1. 放下架子
2. 主动关心
3. 肯定价值
4. 换位思考
5. 民主交流
主动、深入地倾听对方的内心，关心其难处、不便和痛苦。
不是高高在上，也不是奉承讨好，双方是独立平等的沟通主体。
站在对方的角度、立场上思考问题，将双方利益结合起来考虑，保持不自私、不自我、不自大的平等沟通心态。
不是苛责轻视，也不是逆来顺受，最重要的是要肯定双方的自我价值。
选择或营造相互尊重的沟通环境和氛围，让对方畅所欲言，并在专心听取对方意见后积极反馈、主动支援。

7.2 容忍差异

异乎我者未必即非，而同乎我者未必即是；今日众人之所是未必即是，而众人之所非未必真非。

——胡适

在与他人交流时，当听到不同的声音、遇见迥异的观点，人们总会不经意地排斥、反对、疏远对方。排异求同思想，让人们在听取他人的意见表达时，固执地排斥与自己和社会不同的声音。

然而在当今自由、平等、民主、多元的社会环境下，要想建立和谐的人际关系，首先就需要学会容忍差异。因为在很多时候，造成沟通冲突或效率低下的原因不是差异，而是不能容忍差异。

美国人际关系专家罗伯特·博尔顿表示："在广大的人群中，至少有75%的人与我们自己存在较大差异。"

因为差异的存在，沟通中往往容易产生隔阂和误解。而应对好这75%的差异，往往会更好地帮人们获得成功与幸福。沟通没有对错，只有立场。大家只是立场、看法不一样罢了。

容忍差异的做法

摒弃自以为是

要认识到一个问题的解决方法不止一个，能够容忍别人对同一个问题和我们有不一样的想法，不要以自我为中心。

倾听不同声音

了解对方的第一步应该从耐心倾听对方的不同意见做起。

不碰彼此底线

了解彼此的底线是什么，在坚持自己的底线的同时，不要去碰触或故意挑战对方的底线。

以交换作妥协

尝试“容忍交换原则”，即两个人分别容忍对方一处“差异”作为交换，在互相容忍的基础上达成一定的妥协。

7.3 适度赞美

——良好的沟通从赞美开始。

同事之间在某些情境下，应善于互相赞美对方，为对方巧妙戴上一顶合适的“高帽子”。

在赞美同事时，应把握一定的“度”。

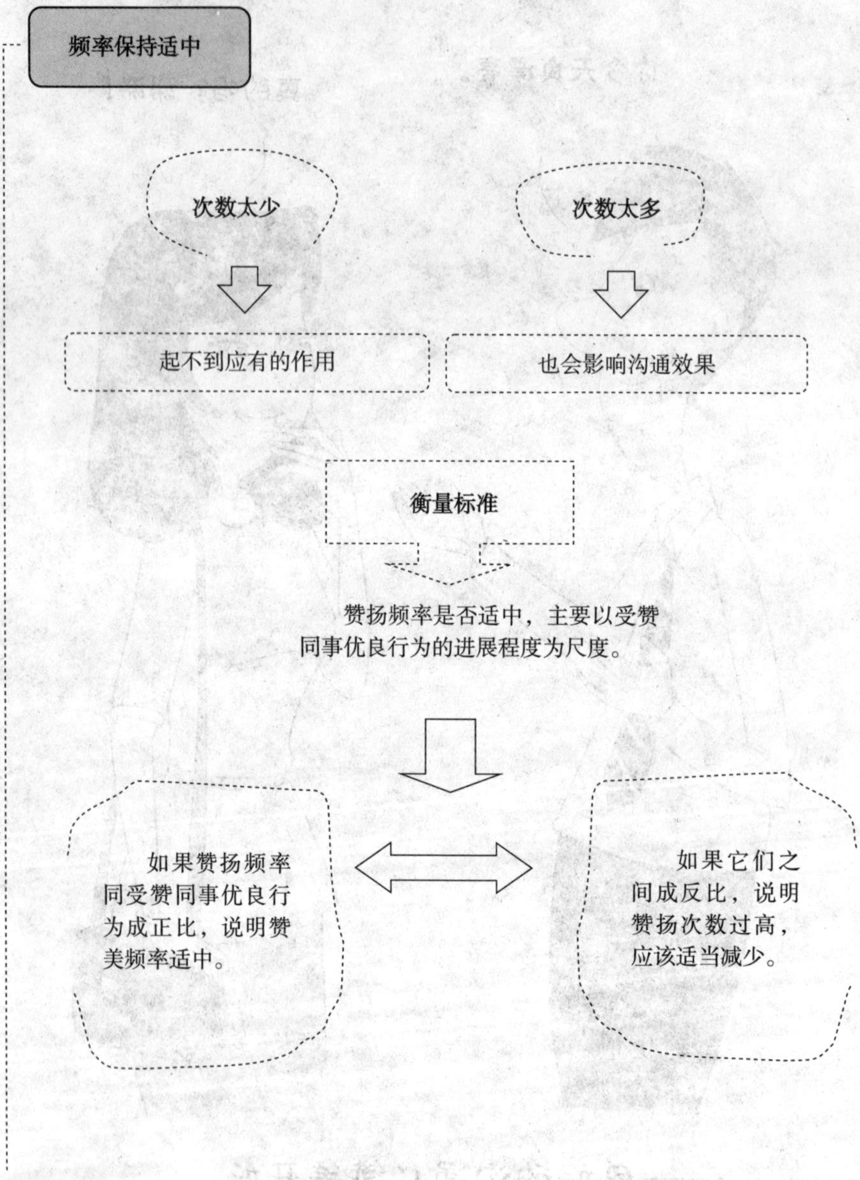

频率保持适中

次数太少 → 起不到应有的作用

次数太多 → 也会影响沟通效果

衡量标准

赞扬频率是否适中，主要以受赞同事优良行为的进展程度为尺度。

如果赞扬频率同受赞同事优良行为成正比，说明赞美频率适中。

如果它们之间成反比，说明赞扬次数过高，应该适当减少。

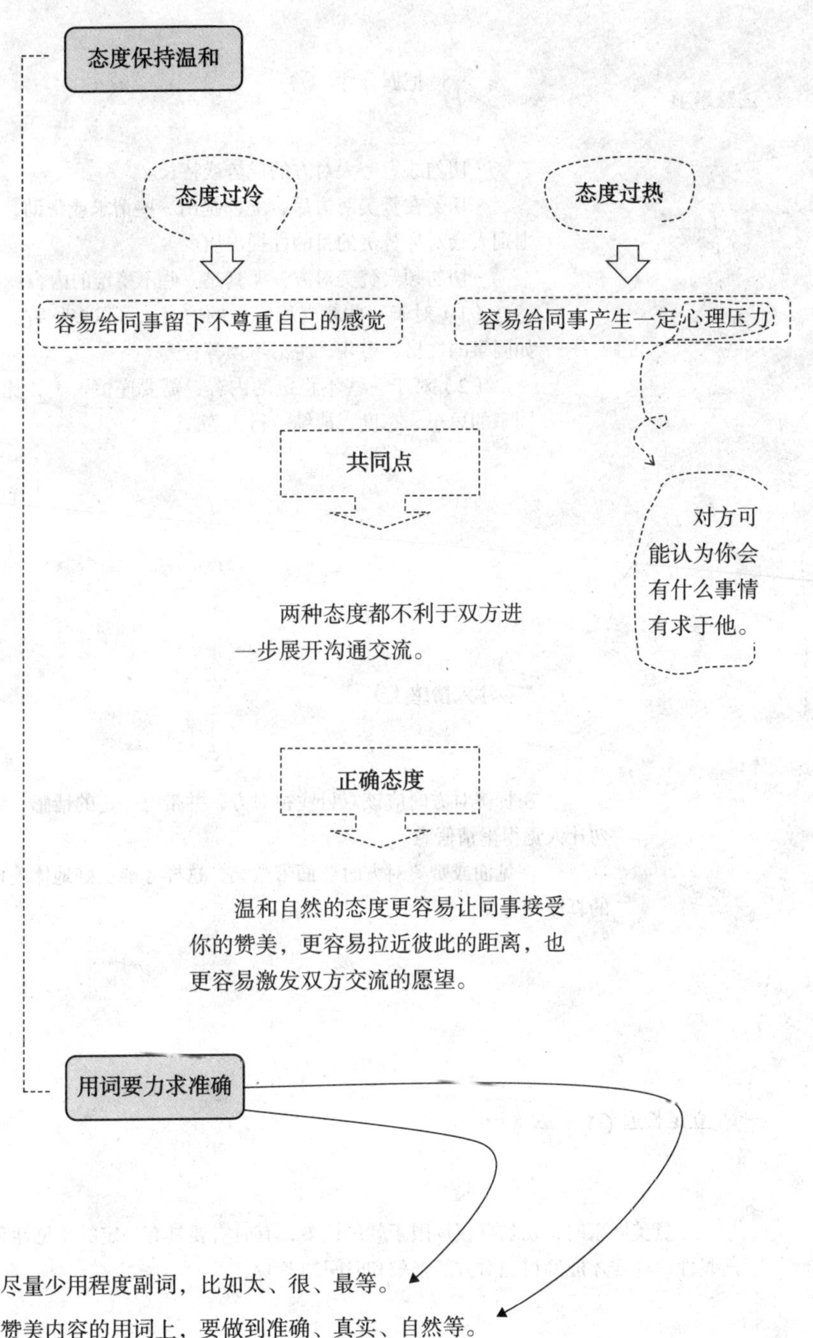

尽量少用程度副词，比如太、很、最等。

赞美内容的用词上，要做到准确、真实、自然等。

注意事项

把握分寸

·切勿故意夸大对方的优势或特长。

·切勿在赞美对方后，立即提出一些请求或帮助，否则别人会对你赞美的目的性提出质疑。

·切勿频繁赞美对方，尤其是一些不稳定的内容：

（1）对于一些相对稳定性的内容，可以多称赞，比如同事的性格、容貌、生活习惯等；

（2）对于一些不稳定的内容，需要谨慎赞美，比如同事的思想、态度、成绩、行为等。

注入情感

· 在赞美对方时应该双目注视对方，并带有一定的情感，切勿让人觉得虚情假意。

· 在见面或赞美对方时要面带微笑，这样才能更好地体现你的真诚和态度。

立足长远

· 赞美同事时，切勿仅仅局限于就事论事，有时需要具有一定的预见性和前瞻性，这样才能经得起对方的推敲和时间的考验。

7.4 寻求协作

——双剑合璧，更具威力。

同事之间的沟通不仅有利于拉近彼此距离，让工作更有趣更高效，而且还有利于形成互助协作关系，优势互补，实现多赢。

同事之间在沟通基础上寻求协作需满足以下几个条件。

1. 个性相符

⇨ 同事之间默契合作的最基本要求是两个人要个性相符，优势互补。

2. 志趣相投

⇨ 两个人志趣相投才能凝聚起力量朝共同的目标和方向不断奋斗努力。

3. 业务相关

⇨ 在工作中寻求合作，需要两个人的业务存在相关性，存在交叉的地方，这是在实际工作中有效协作的基础。

4. 沟通顺畅

⇨ 同事之间沟通顺畅才能实现高效协作，如果双方沟通存在诸多障碍，常常牛头不对马嘴，互不理解，那么合作过程便会困难重重。

同事之间在合作过程中应注意以下几个方面的内容。

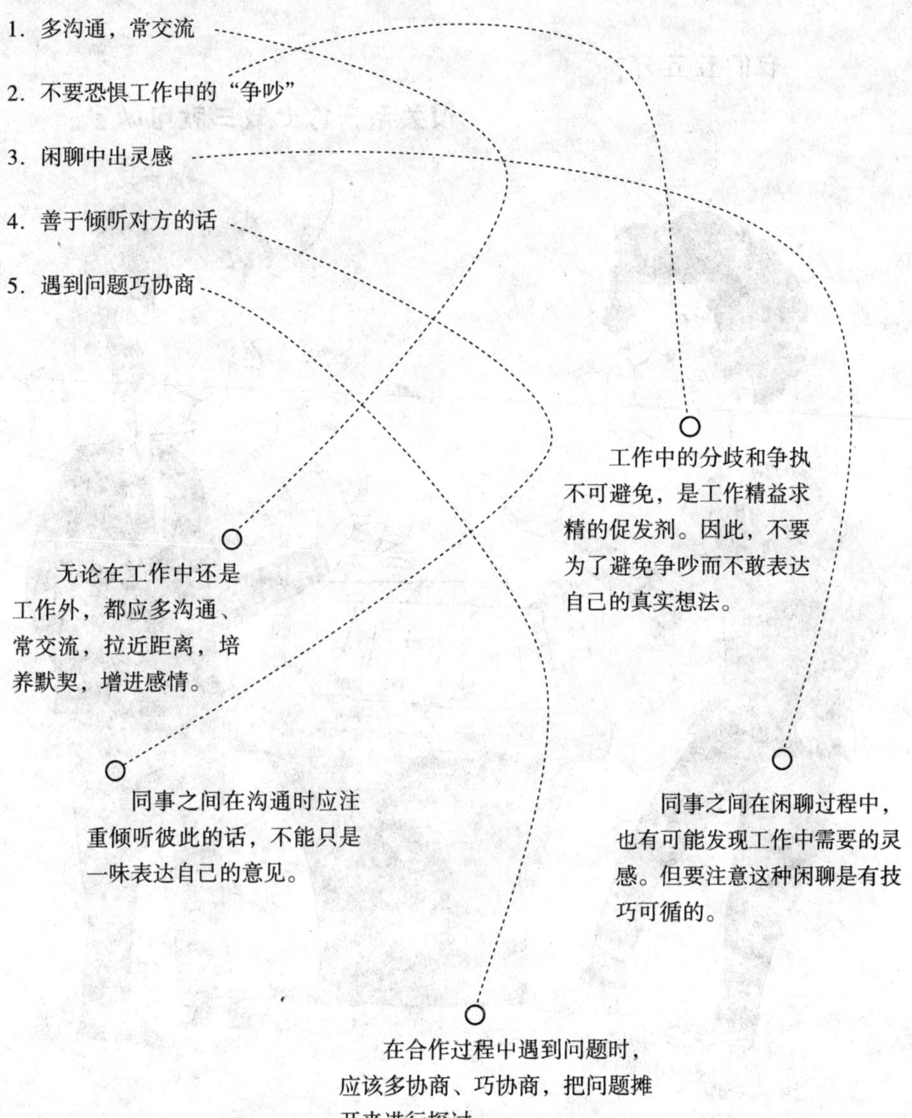

7.5 主动让利

我们五五分？

没关系，你七我三就可以了。

夫唯不争，故天下莫能与之争！

——《老子》

在职场中，一些人与同事关系不好，不是因为性格不合，而是因为过于计较个人的利益，从而引起了他人的反感。所以，在与同事相处沟通时，要学会主动让利。

要做到主动让利需要把握好以下三点内容。

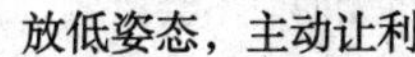

主动让利时最好做到放低姿态，让他人在接受利益的时候获得一定的满足，以此促进双方之间的关系。

例如：

“您作为公司的元老级人物，拿到这个荣誉是理所应当的，我只是个新人，还需要继续磨炼。”

分析功劳，主动让利

分析双方在完成任务时各自付出的劳动，尽量放大他人的功劳，缩小自己的功劳，借此做到主动让利。

例如：

“虽然我完成的时间短，但是你的工作内容比我的复杂，你应该得到大部分的奖励。”

回顾过往，主动让利

通过回顾以往工作中他人对自己的帮助和包容，并借此让出利益，再次增进双方关系。

例如：

“如果没有你给予我的帮助，我也不会有今天的成就，你理所应当得到这部分奖励。”

主动让利的同时也要把握好让利的度和原则，分清哪些利益可以主动让出。

不影响个人前程的利益

针对职场中一些细小的、可有可无的、不会影响个人前程的利益可以主动向同事让出。

例如，一些荣誉称号让给即将退休的同事、与他人共享一笔奖金或一项殊荣等。

不影响其他同事的利益

主动让出的利益只能涉及自己和让出对象，不能对其他同事的利益造成影响。

例如，不能把与其他同事相关的利益一并让出等。

不涉及原则性问题的利益

主动让出的利益必须符合道德标准和社会准则，不能侵犯企业利益、部门利益和他人利益。

针对此类利益，要把握自我，坚决遏制，并及时报与上级。

7.6 消除误解

——误会一旦产生，双方都是受害者。

在职场中，同事之间的矛盾很多是由误解引起的，如果不能及时消除，可能会导致误会越积越深，给双方都带来一定的伤害。

当曾经友好的同事日渐疏离，而自己又确实找不到理由时，原因可能就在于双方之间产生了误解。这时，要主动进行沟通。

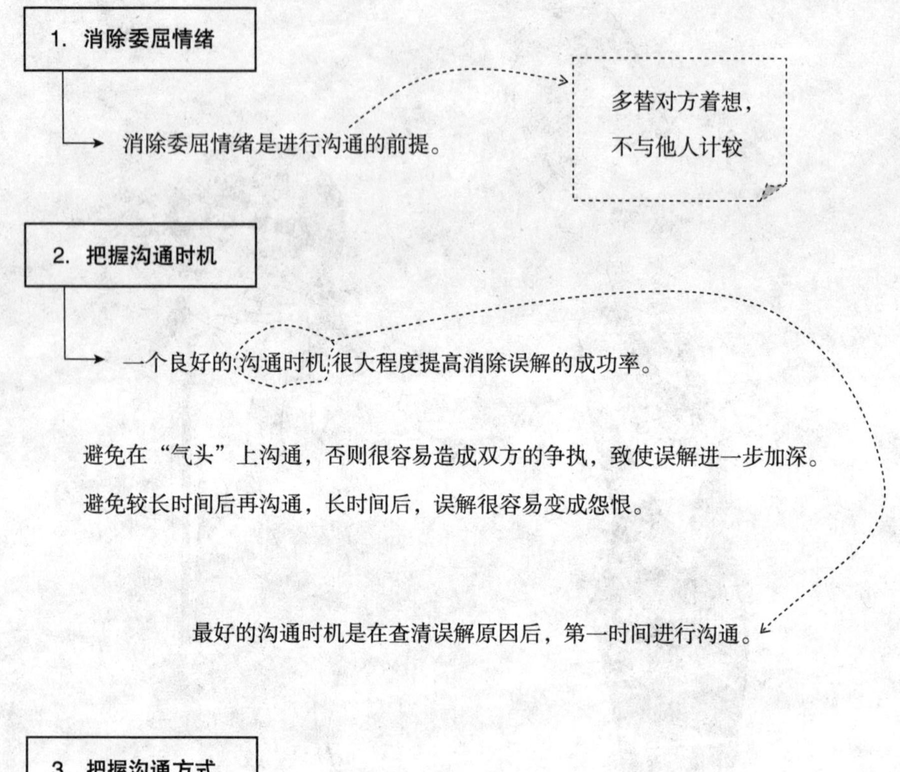

3. 把握沟通方式

在沟通时，注意措辞和表达方式。

措辞精当，用简短的语言解释误会；
语调柔和，表达友好接纳的态度。

避免使用质问、责怪他人的语气；
避免使用过于激烈的言辞；
避免使用伤害他人的话语。

在沟通过程中，通过关注和把握细节，可以有效杜绝误解产生。

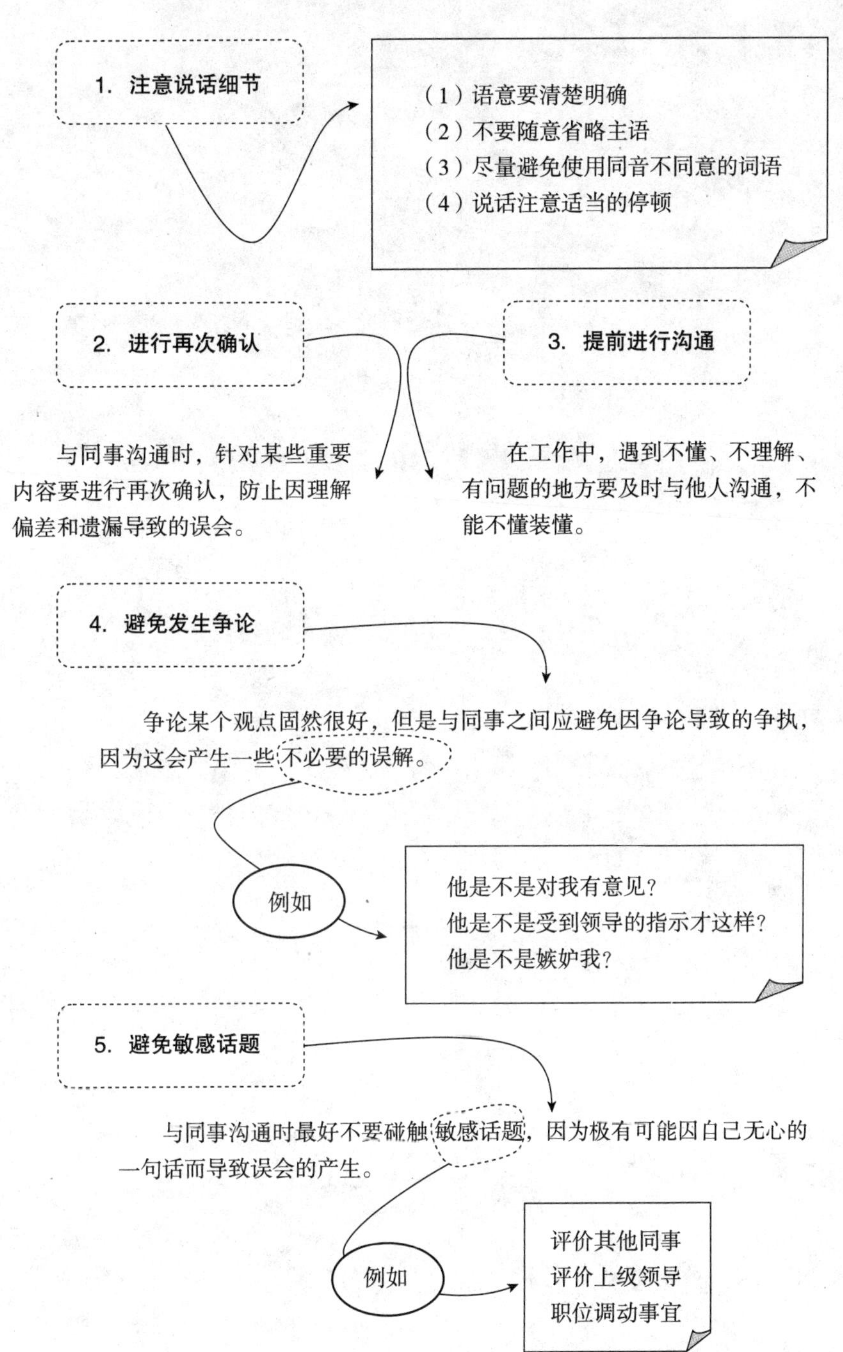

第 8 章

客户沟通

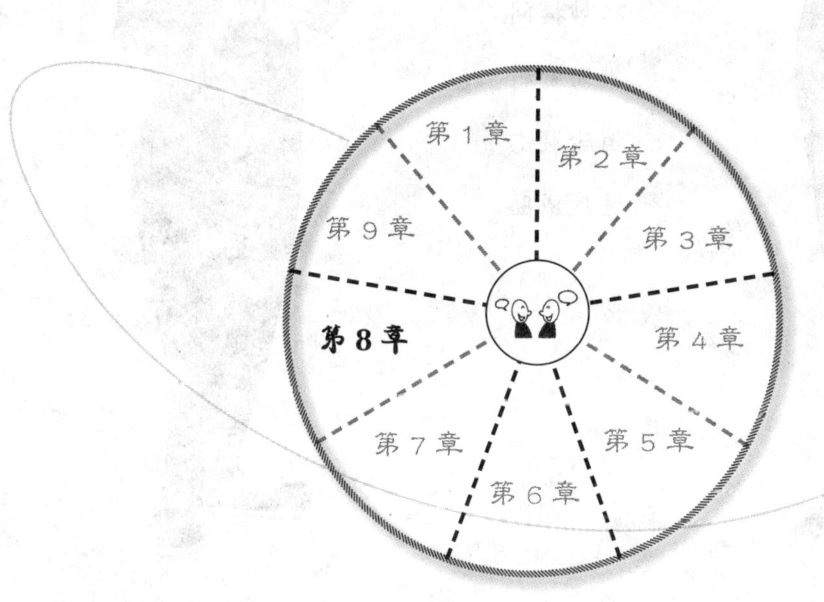

激发需求

提出建议

巧妙提问

借助资料

消除疑虑

适度威胁

8.1 激发需求

对那些自认为“说客”的人，有句话可以算是最好的建议：要首先引起别人的渴望。

——哈利·欧佛瑞《影响人类行为》

客户的需求可以刺激，可以探寻，也可以创造。在与客户进行短暂沟通的过程中，销售人员应善于了解客户心理，并通过多种技巧激发客户需求，创造交易机会。

在与客户沟通过程中，销售人员可以采用以下技巧有效激发其需求。

1. 建立良好形象

销售人员在与客户沟通时，应有意识地注意自身形象和产品形象，争取为客户留下良好印象。

良好形象包括三个方面

1. 良好的仪表、仪态、行为举止
2. 良好的专业形象
3. 良好的产品或服务形象

销售人员应保持仪态整洁、行为举止文明得当。

销售人员应拥有丰富的专业知识，同时也要将专业性向客户体现出来。

销售人员应该对自己所推荐的产品或服务进行合理包装，将最新颖、最专业的产品或服务形象展现在客户面前。

2. 巧妙提问

在与客户沟通过程中，销售人员可以通过巧妙提问一步步激发客户需求，提高客户的购买兴趣。

"您觉得她穿这件礼服漂亮吗？要不我给您拿一件，您也试试？"

"我觉得各方面都非常适合您啊，您觉得呢？"

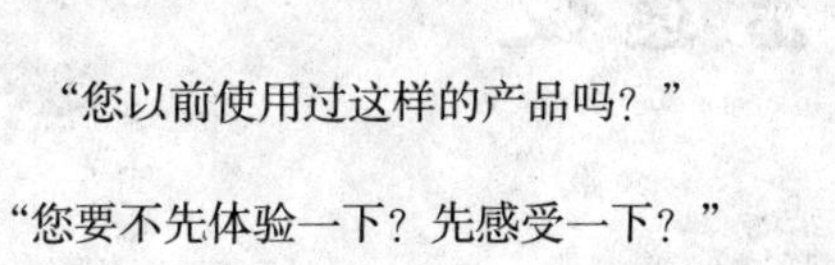

3. 善于倾听

与客户沟通时，用心倾听客户的声音是销售人员赢得客户信任、获取客户订单的一大法宝。

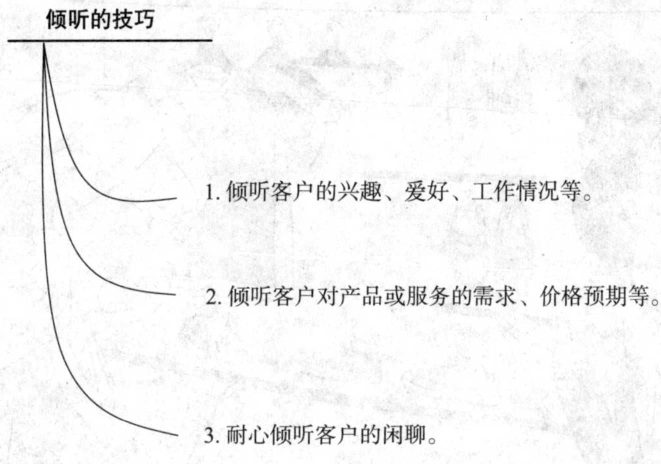

4. 制造“痛苦”

生活、工作中的大小问题往往会给人们带来痛苦，痛苦积累到一定程度便会产生购买需求。

因此，销售人员在与客户沟通时，不仅要发现客户遇到的问题，而且也要善于利用这些问题让客户感受到“痛苦”，从而有效激发客户的购买欲望。

8.2 提出建议

你这种观念已经过
时了，我觉得……

你才过时了呢，你们
全家都过时了！

——提出更好的建议，而不是否定客户的想法。

在某些情况下，客户对自身的购买需求是比较模糊甚至不准确的——对自己需要什么没有明确概念，或者自己认为需要的却不一定真的适合自己。

对于这类需求不明确的客户，销售人员应结合其实际情况进行认真分析，然后挑选恰当时机向其提出合理化建议。

在下面的案例中，销售人员通过向客户提出合理化建议，最终帮助客户购买到了心仪且合适的商品。

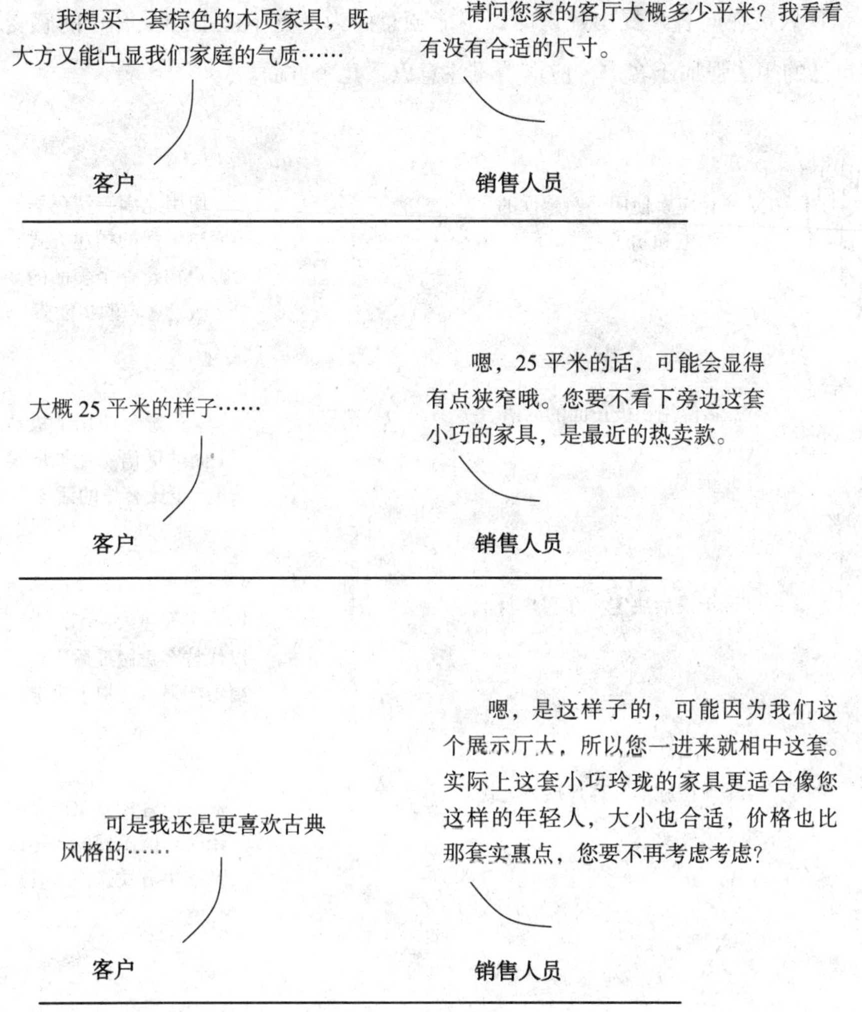

好吧，我再想想……嗯，要不就你推荐的这套吧。你毕竟比我有经验，听你的应该不会有错！

销售人员在向客户提出建议时，不能随意而为，更不能不顾及客户的感受，一味将自己的想法强加于客户，应该着重注意以下几个方面。

1. 应多使用一些感性的词汇和句子。

使用充满感情色彩和画面感极强的描述方式，为客户构建一个美丽的梦想，激发客户购买欲望。

2. 多使用积极正面的话语。

避免使用消极负面的话语，比如取笑或诋毁客户的话等。

3. 需谨记最后决定权在客户身上。

销售人员只是向客户提出个人建议，不代表可以代替客户做最后决定，更不能强迫客户下决定。

4.采取措施消除客户后顾之忧。

向客户介绍产品使用时可能出现的问题以及解决方式，消除其后顾之忧。

8.3 巧妙提问

智者问得巧，愚者问得笨。
人力胜天工，只在每事问。

——陶行知

销售人员在与客户沟通时，应选择恰当的时机巧妙提问，通过提问引导客户思路。

巧妙提问的方式主要包括以下两种。

1. 封闭式提问

封闭式提问是指提出一些范围较小、有限制性的、给出答案选项的问题，这类问题允许客户从答案选项中做出选择。

这种提问方式主要包括两种类型。

（1）“二选一”型

销售人员提供两个选项，让客户从两个选项中任选其一。客户的答案也只能包含在这两个选项中。

> 您喜欢这件天蓝色的还是这件玫瑰红色的？
>
> 您比较中意古典家具还是小清新系的家具？
>
> 你在购买商品时比较注重价格还是售后？

（2）“是否”型

销售人员以“是不是”“会不会”“对不对”等为关键词对客户进行提问，客户回答“是”或“否”，“会”或“不会”等。

> 您近期是否有购置新车的计划？
>
> 您会不会仅仅根据孩子的需求购买它？

2. 开放式提问

开放式提问是指提出一些范围较大、含义较为宽泛、不提供具体答案选项的问题，给客户以自由发挥的空间。

开放式提问具体可以分为两种类型。

（1）直接询问型

不经过任何铺垫，直截了当提出问题。

您觉得我们的产品如何？

您觉得这件衣服质地和颜色怎么样？

您比较中意哪一种风格的厨房用具？

（2）间接询问型

在提出问题前，不动声色地做一些铺垫，即通过一些有趣的话题或故事引出问题。

我们的产品特色是……许多客户都这样认为，那么您觉得呢？

我们这儿的衣服都是正规韩国代购过来的，是百分百正品，您看完觉得这面料和颜色如何？是不是很上档次？

我看您本人极具艺术气息，这套××厨房用具很适合您的品味。您本人比较中意哪一种风格的？

8.4 借助资料

口说无凭，您看，
有图有真相！

销售人员在与客户沟通时，可以借助文字、图片、视频等资料增强所说内容的说服力。

这些资料对于沟通过程具有以下几点作用。

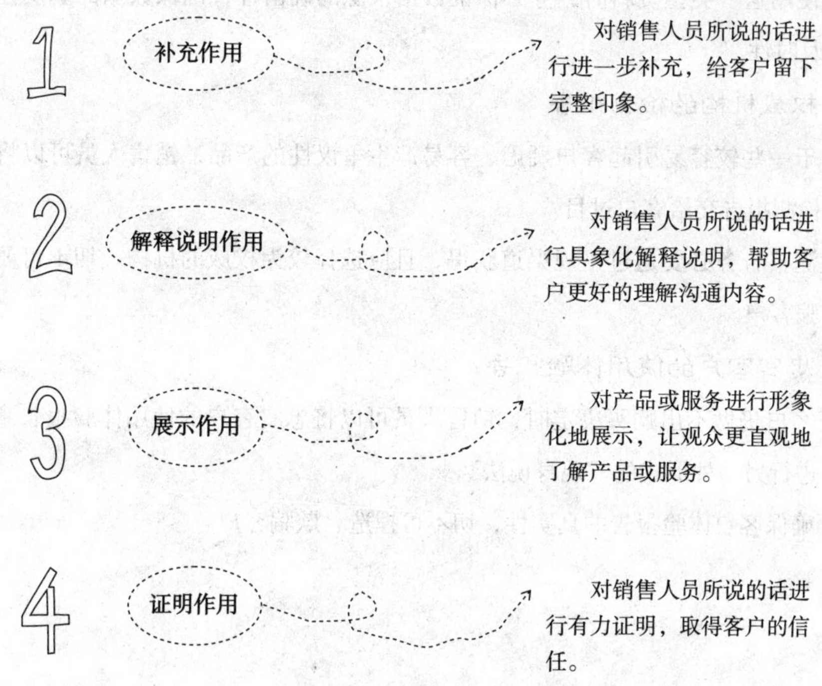

在与客户沟通时，销售人员可以利用以下几种类型的文件资料。

1. 产品宣传册、传单

销售人员在介绍产品时，可以向客户提供产品宣传册、传单等纸质资料，作为产品内容的补充。

2. 产品演示视频

在具备播放条件的基础上，销售人员可以为客户播放产品演示的视频，让客户产生一种身临其境之感。

除了可以演示产品如何使用，还可以演示一些情境，比如当客户想要购置一套房产，销售人员在向其进行口头介绍的同时，还可以演示某套房产的具体功能和特色之处。

3. 产品销量统计数据

为了增强说服力，销售人员可以将过去一段时间的产品销量统计数据摆在客户面前。

在使用这一类型资料时，务必保证数据来源的确凿性，确保数据的真实性、可靠性和及时性。

4. 权威机构的检测报告

对于一些较容易引起客户疑虑、容易产生争议性的产品，销售人员可以将权威机构的检测报告交给客户过目。

检测报告务必要通过正规渠道获得，且应选择较为权威的机构。切不可要小聪明，欺骗客户。

5. 忠实客户的使用体验报告

当客户仍做不出购买决定时，销售人员可以将忠实客户的使用体验报告拿给客户看，进行另一种形式的“现身说法”。

要确保客户体验报告的真实性，切不可捏造、欺骗客户。

8.5 消除疑虑

在销售过程中，无论销售人员如何说明，有些客户始终会有这样那样的疑虑，小心谨慎，迟迟不肯做出购买决定。

面对这一类型客户时，销售人员切记不能慌张，更不能气急败坏、破罐破摔，而应该做好足够心理准备，根据实际情况谨慎对待。

销售人员可以通过以下几个策略有效消除客户的疑虑。

1. 提前设想客户有可能提出的疑虑，并准备有效答复

比如，提前设想客户是否会担心产品的安全性或者自己的支付能力，然后为可能存在的每种疑虑准备最恰当的回答和切实可行的解决方案。

针对客户对于产品质量的疑虑，销售人员可以通过提供包换保修服务或试用服务予以消除。

针对客户对于产品安全性的疑虑，销售人员可以通过提供权威机构的安全性验证资料予以消除。

针对客户对于自身支付能力的疑虑，销售人员可以通过分期付款等方式予以消除。

2. 邀请客户进行亲身体验

客户在亲身体验过程中，会不断进行自我暗示和自我说服，努力去认可产品本身，不知不觉中，疑虑便会彻底消除。

当客户对产品的安全性产生疑虑时，销售人员可以邀请客户亲自操作产品，并向其保证不会有任何事情发生。如果客户仍不相信，那么销售人员可以自己先做一遍演示，以证明产品的绝对安全。

当客户对自身支付能力产生疑虑时，销售人员可以让客户简单体验一下分期付款的结算模式，然后再进一步打消客户的疑虑。

3.迂回战略消除客户疑虑

当销售人员采取多种策略仍然无法使客户消除疑虑，且继续往下说可能会令场面越来越僵时，不妨先以缓和的态度跳过此话题，巧妙切换到其他话题，用以分散客户的注意力。

等到客户戒备心理消除后，再重拾话题，往往会取得“柳暗花明又一村”的良好效果。

8.6 适度威胁

过了这村儿没这店儿，你要
再犹豫就被别人抢先啦！

在与客户沟通过程中，销售人员可以根据实际需要，采用适度威胁的语气，让客户意识到如果不购买该产品或服务，那么他会遭受什么样的损失或遇到什么样的问题。

销售人员可以采取两种方式对客户进行适度“威胁”。

1. 暗示客户可能会丧失该获取的优惠或利益

通过暗示的方式，让客户意识到自己将会丧失哪些优惠或利益。

比如可以这样说：

假如不尽快做出购买决定，那么您将有可能错过我们的优惠活动，这对于您而言是一笔不小的损失。

在使用此种方式时，应注意以下三个方面的内容。

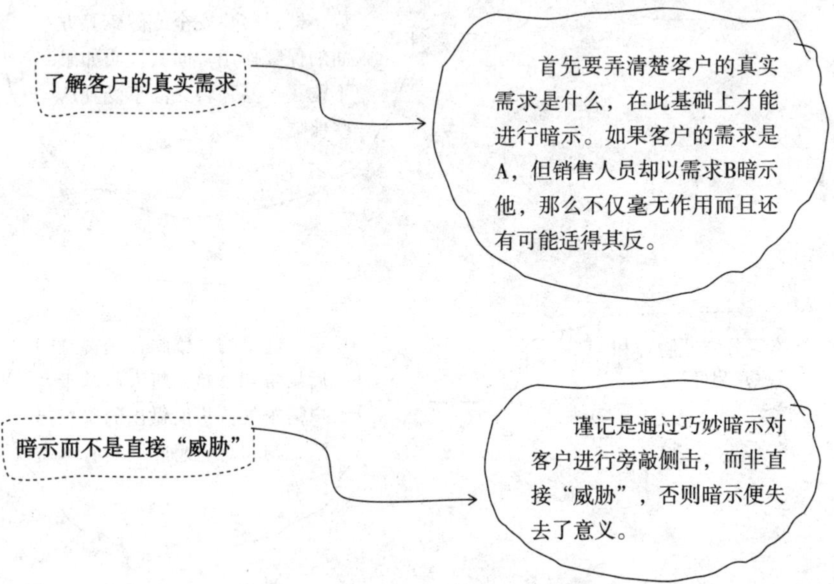

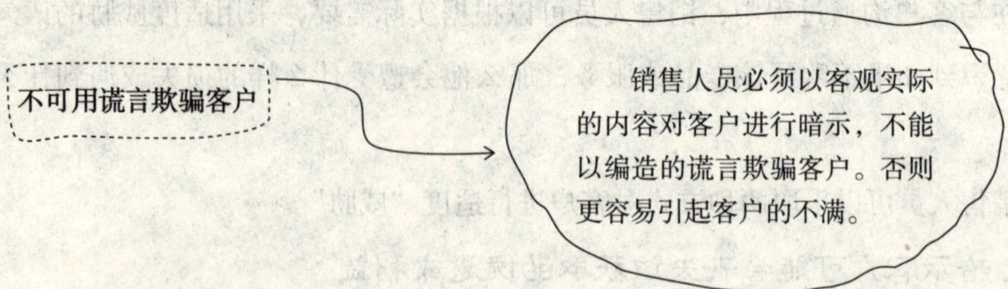

2. 提醒客户在将来可能遇到某些隐患或难题

客户在购买产品时，除了会考虑可以获得哪些优惠、哪些利益，还会考虑产品对自身安全或健康有哪些影响。

销售人员可以抓住客户的这一心理，适时提醒客户，如果不购买产品，有可能会失去重要的安全或健康保障。

在使用此种方式时，应注意以下两个方面的内容。

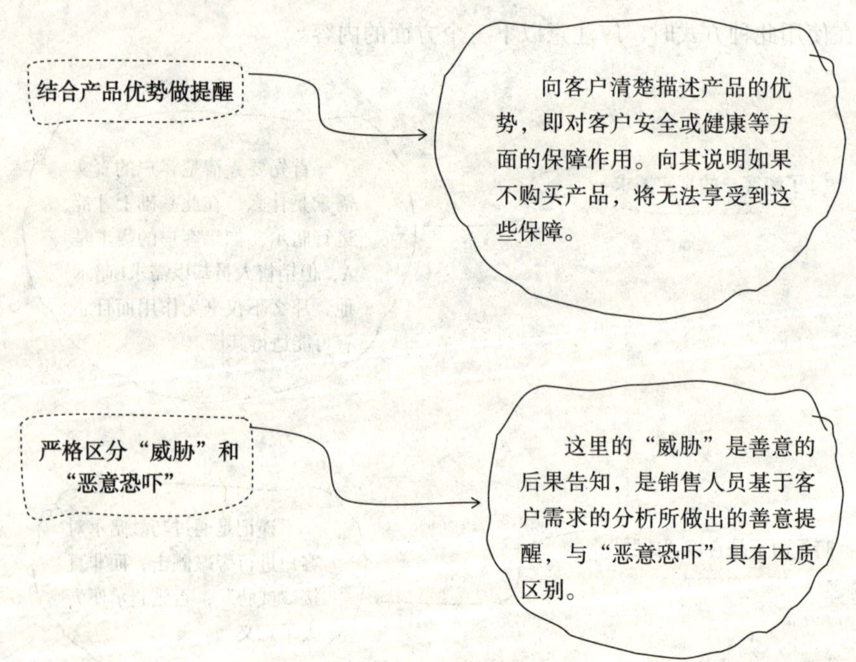

第 9 章

团队沟通

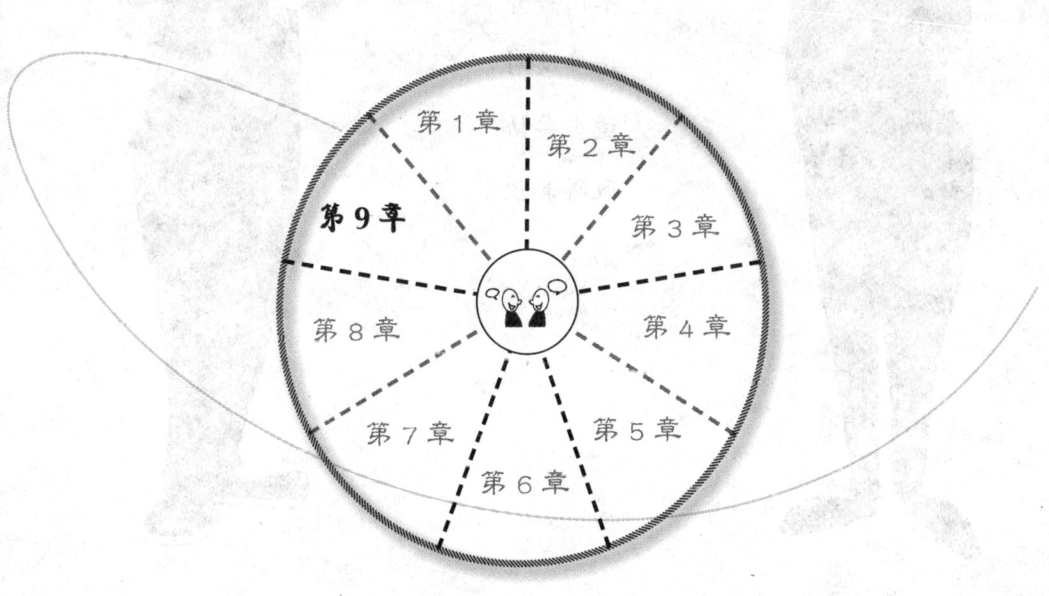

疏通渠道

保持信任

求同存异

适度反对

适当妥协

取得共识

9.1 疏通渠道

团队沟通最大的障碍往往在于缺乏适当的沟通渠道或者沟通渠道不畅通，这就需要团队管理者积极疏通团队内部的沟通渠道，在此基础上提高成员对团队的认同感，增强向心力。

团队沟通可以分为正式沟通和非正式沟通两种渠道。

1. 正式沟通

正式沟通是由组织内部明确的规章制度所规定的所有成员必须严格遵守和执行的一种沟通方式。

正式沟通渠道分为以下三种：

（1）链条式沟通渠道

链条式沟通渠道是指团队内部的沟通信息在不同层级中逐级传递，不能越级。即居于层级两端的成员只能与相邻的成员沟通，而居中的人则可以分别与两端的人沟通。

链条式沟通渠道具体可以分为上行沟通和下行沟通两种。

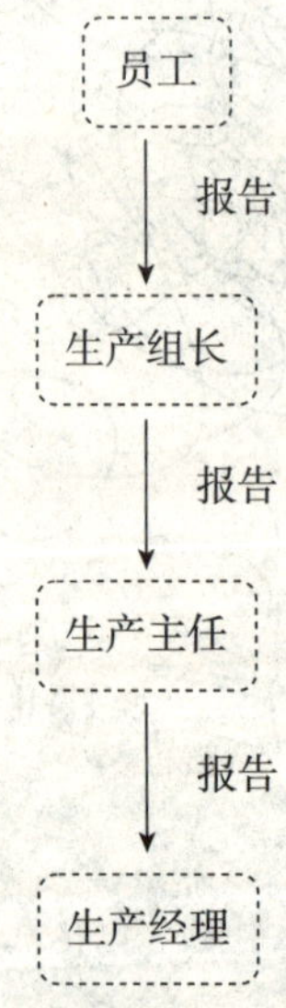

（2）环形沟通渠道

环形沟通渠道是团队中五个人之间的沟通。

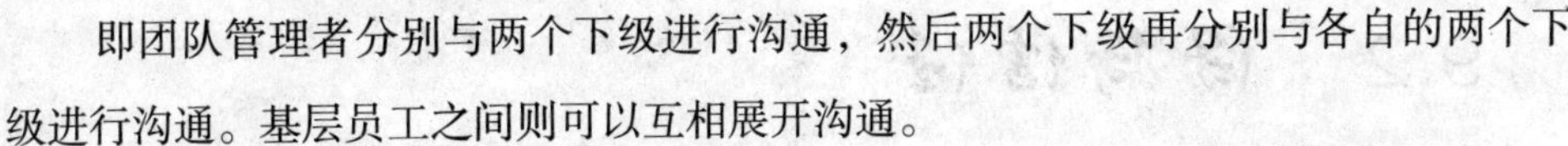

即团队管理者分别与两个下级进行沟通，然后两个下级再分别与各自的两个下级进行沟通。基层员工之间则可以互相展开沟通。

在环形沟通渠道中，每个人都同时与两侧的人进行沟通。

（3）轮形沟通渠道

轮形沟通渠道是一个团队管理者与四个下级进行的沟通，但四个下级之间不进行沟通。

它的优点是集中化程度高，解决相关问题速度快；缺点是渠道相对较少，团队成员士气较低。

2.非正式沟通

非正式沟通是团队成员自发的一种沟通方式，不拘形式，直接明了。但非正式沟通难以进行有效控制，所传递的信息容易失真，而且有可能影响团队成员之间的关系，影响团队的向心力。

非正式沟通渠道可以分为以下几种。

（1）单线型

即信息在团队中依次传递，一个人告诉另一个人，另一个人再转告给其他人，按照这样的形式依次传递下去。

（2）散射型

即由同一个人将同样的信息传递给团队中的其他所有人。其中发出信息的人是该渠道中的一个关键人物。

（3）集合型

在这一类型的沟通渠道中，存在几个中心人物（a、b、c），由这几个中心人物将信息转告其他若干人。比如a将信息传递给b和c，b和c再将信息传递给其他人。

9.2 保持信任

——沟通从信任开始，信任来自于沟通。

信任是团队内部实现良好沟通的前提，是整个团队能否有效沟通的关键一步。如果团队成员之间缺乏信任，相互戒备、相互猜忌，那么沟通渠道便会被堵塞，最终使得整个团队形同散沙，工作效率低下。

因此，团队成员互相之间应保持足够的信任感，在此基础上多交流、多沟通，增进感情。

从宏观方面来说，信任主要包括五个方面的内容。

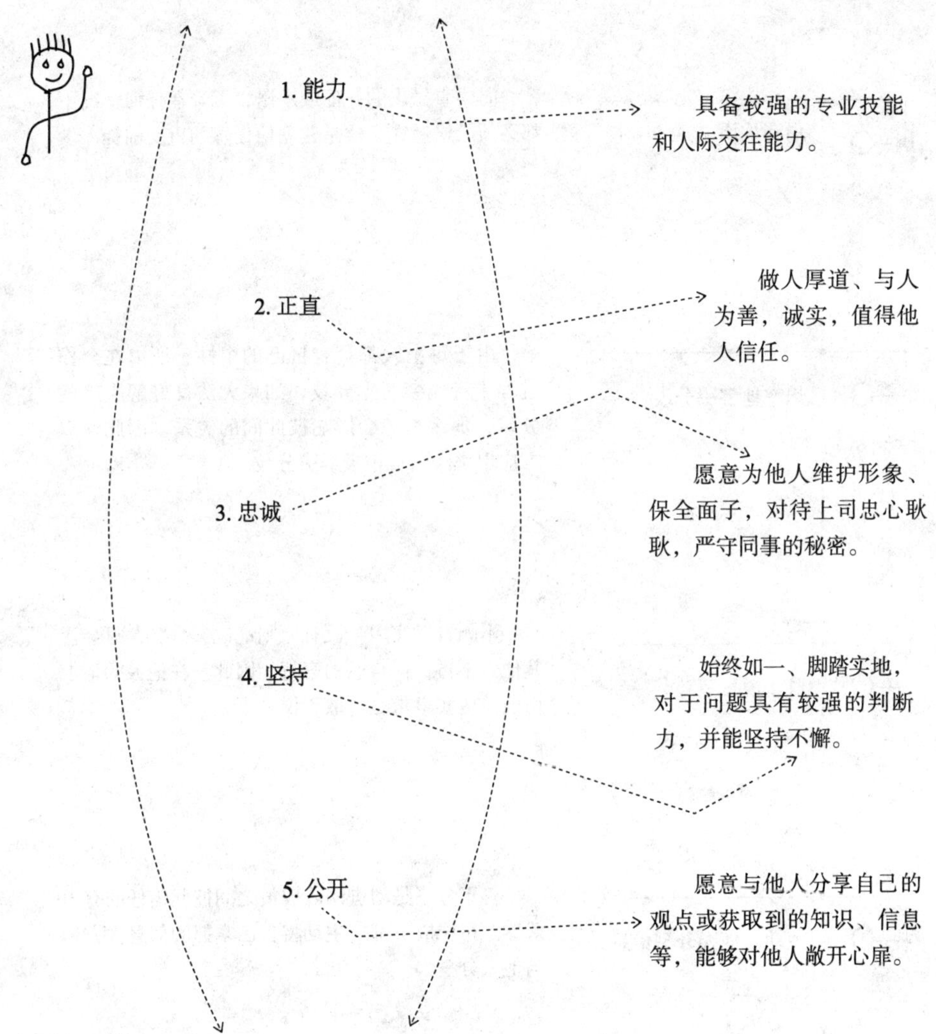

在团队内部建立信任的方式主要包括以下五种：

敢于表达自己的想法

有建设性地向其他成员表达自己的想法，表达自己对某件事的看法，能够有效拉近彼此间的距离，培养信任感。

信守承诺

向同事做出的保证或承诺，无论在任何情况下，都必须严格遵守，这是建立信任感的重要前提。

坦率地解决分歧

由于每个人都具有自己的个性，所以在合作过程中难免会产生分歧，如果无法良好解决这些分歧，那么难免会影响彼此间的关系。因此，双方应坦率沟通，积极解决分歧。

敢于说“不”

不顾自身实力，没有原则地说“是”，只会让其他人不再信任自己的言行。因此，在他人的请求面前，应实事求是，敢于说“不”。

主动与他人分享信息

善于分享是增进团队成员之间彼此信任的有力武器。每位成员都应主动将自己掌握的信息大方地与他人分享。

9.3 求同存异

——众口难调不妨求同存异。

一个团队总是由多个拥有不同个性、不同专长的人才所组成的，因此在团队沟通过程中，不能以某一个人的个性或想法为标准去要求其他人，而应该从整体上坚持求同存异原则。

求同存异是团队沟通必须遵守的准则。求同存异的内涵主要包括以下两个方面。

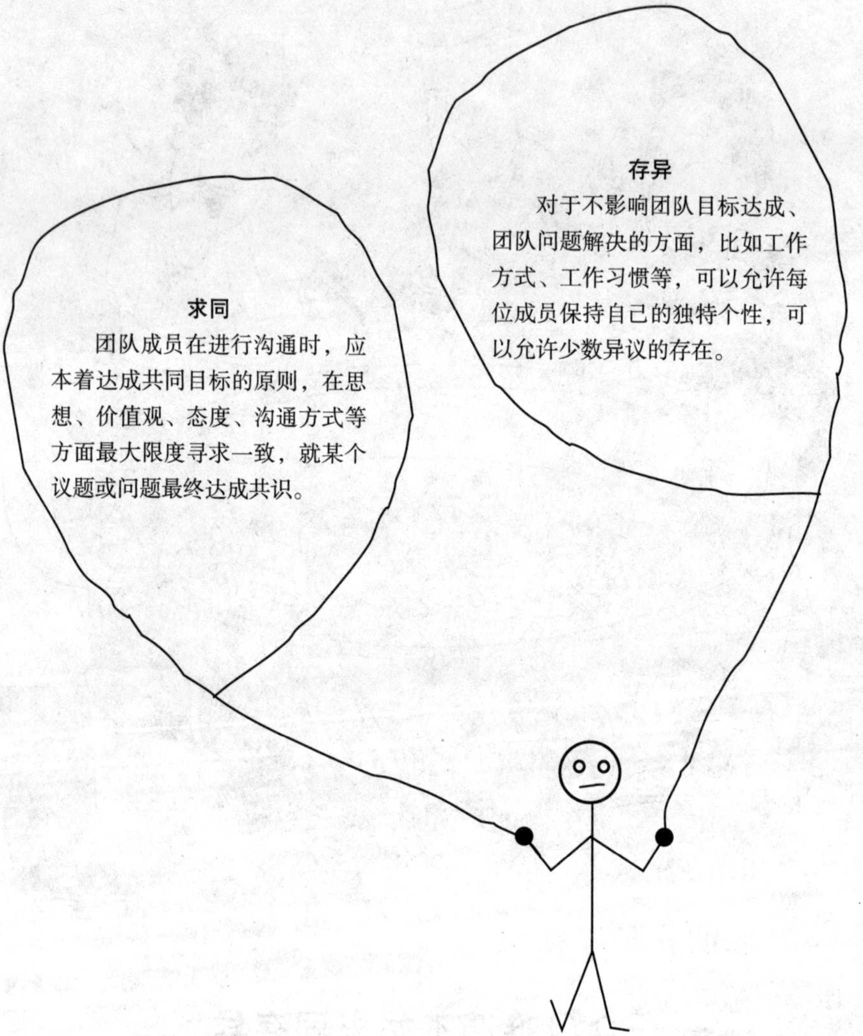

存异

对于不影响团队目标达成、团队问题解决的方面，比如工作方式、工作习惯等，可以允许每位成员保持自己的独特个性，可以允许少数异议的存在。

求同

团队成员在进行沟通时，应本着达成共同目标的原则，在思想、价值观、态度、沟通方式等方面最大限度寻求一致，就某个议题或问题最终达成共识。

团队成员在沟通过程中可以通过以下几个方面实现求同存异。

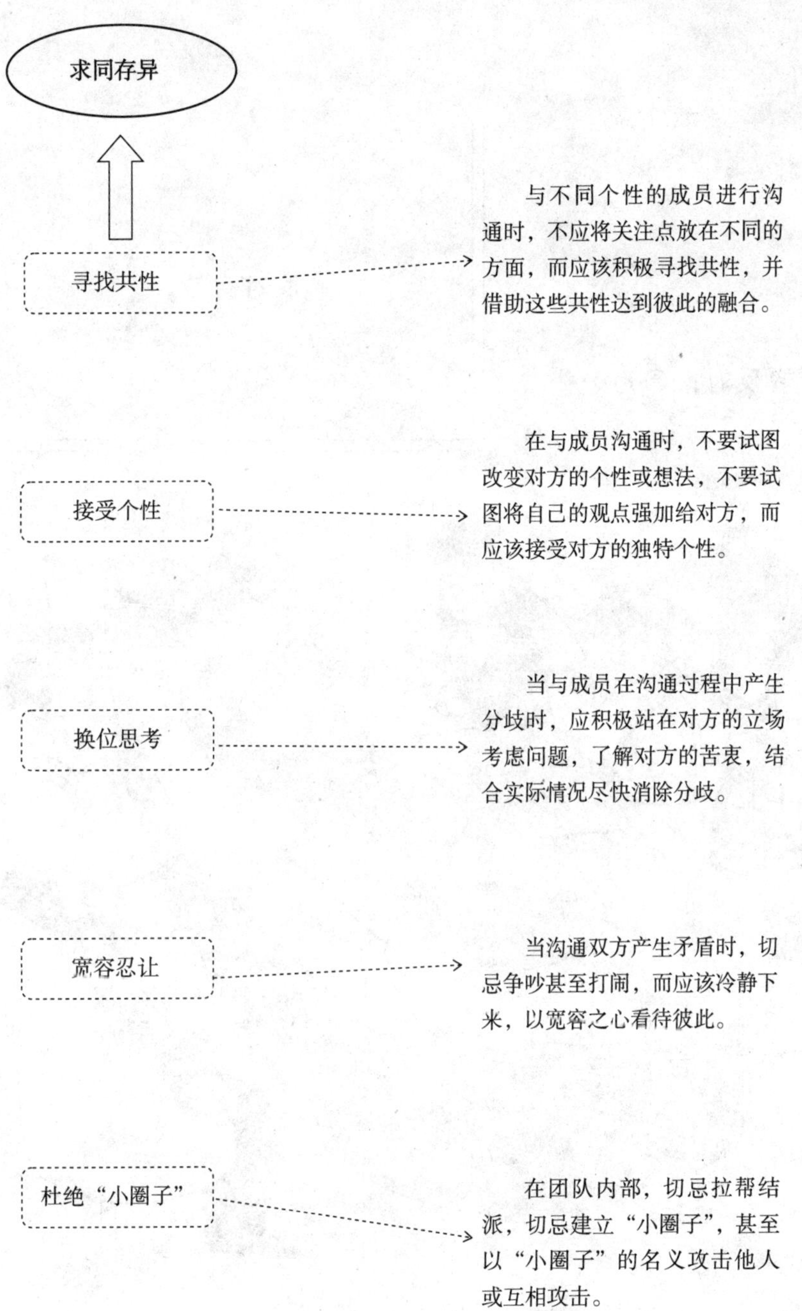

9.4 适度反对

反对有效。

我反对！因为……

适度反对在团队沟通中的作用有以下几个方面。

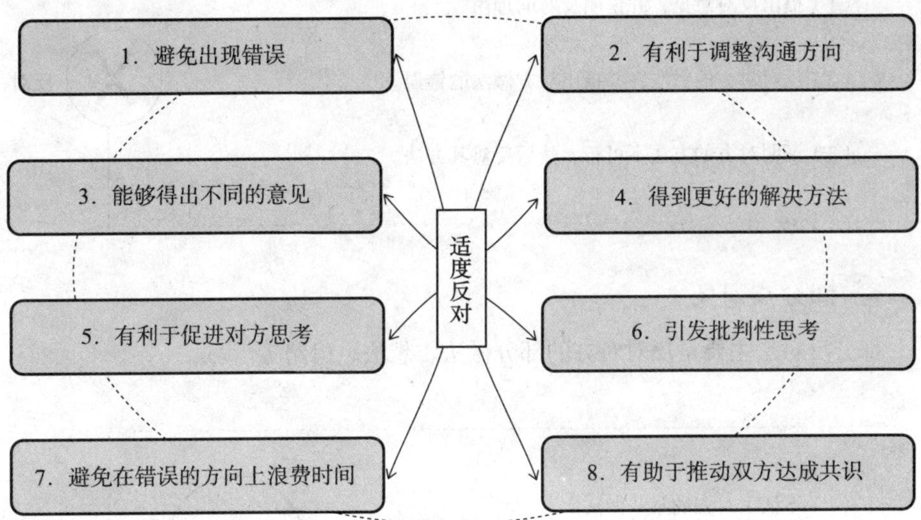

团队成员可以通过以下几个方法做到适度反对。

1. 替换反对法

替换反对法主要是以更好的或其他的想法、方法、做法等来提出反对。

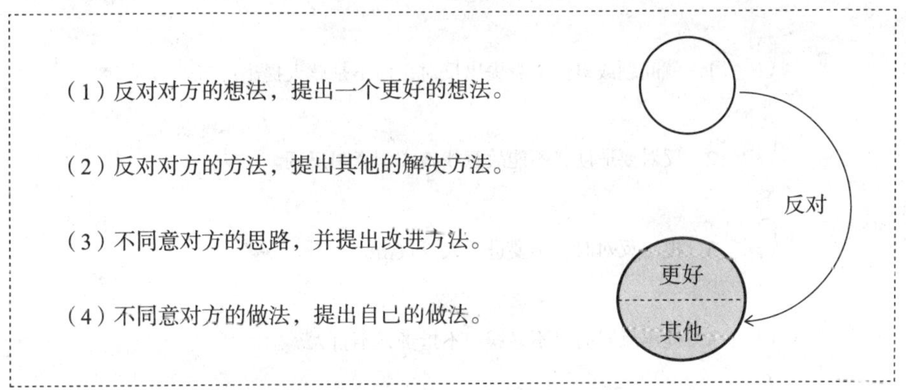

2. 错误反对法

错误反对法主要是针对对方的错误而提出反对。

（1）提出反对意见，并说明反对的理由。

（2）反对对方的做法，并指出对方做法的错误。

（3）证明对方的方法不可行，然后反对其方法。

3. 部分反对法

部分反对法主要是反对对方的部分做法、想法、思路等。

（1）不认可对方的某些做法。

（2）对对方的部分想法提出反对意见。

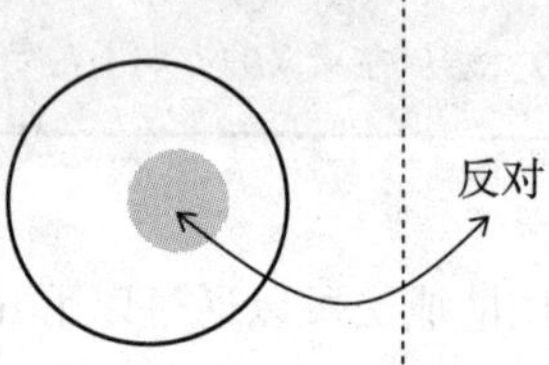

在团队沟通中提出反对意见时应该注意以下事项。

1. 就问题或事件本身提出反对，而不是就人提出反对。

2. 反对要适度，不能故意找碴或刻意唱反调。

3. 提出反对时，不要进行人身攻击。

4. 提出反对时，不显摆，不指责，不自大。

5. 提出反对时，一般要给出反对的理由。

6. 应更多地提出具有建设性的反对意见。

9.5 适当妥协

——明智的妥协是一种适当的交换。

适当妥协在团队沟通中的作用如下。

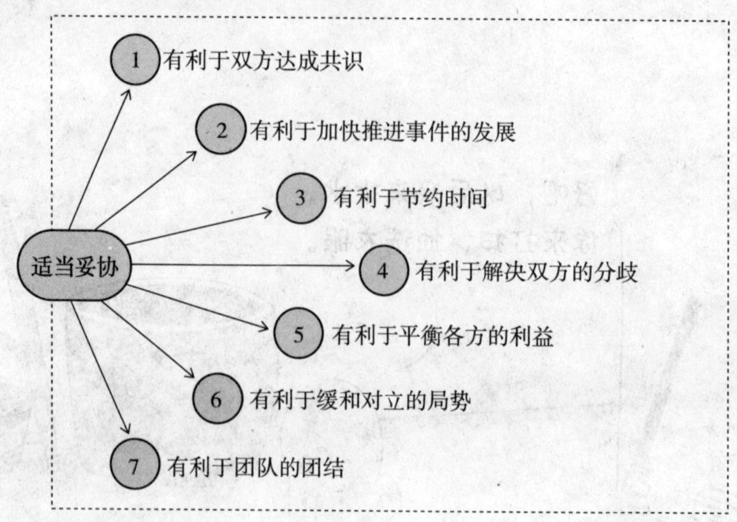

团队成员可以通过以下几个方法做到适度妥协。

1．交换妥协法

交换妥协法主要是用自己的妥协换取对方的妥协。

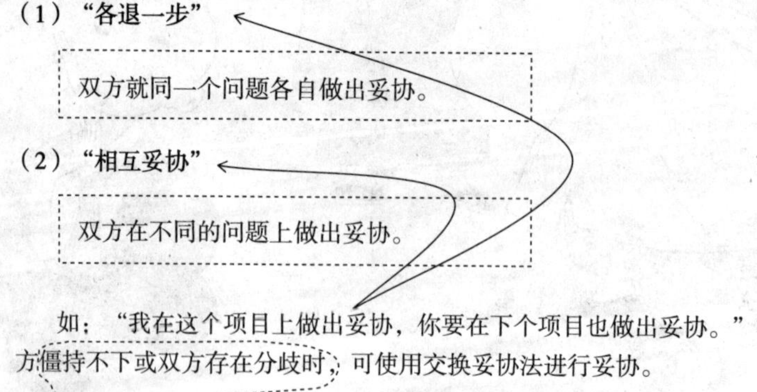

2．现实妥协法

现实妥协法主要是基于实际情况而做出妥协。如：为了达成共识，为了加快进度，

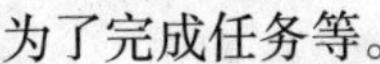

为了完成任务等。

3．部分妥协法

部分妥协法主要是对部分问题、事件、做法等做出妥协。

（1）对对方的部分做法做出妥协。

（2）就部分问题做出妥协。

（3）妥协只针对某个区域。

妥协

在团队沟通中做出妥协时应该注意以下事项。

1. 注意是适当的妥协而不是一味妥协。
2. 在妥协前，可询问对方相应的理由。
3. 原则性的问题不要妥协。
4. 就问题本身妥协而不是向某人妥协。
5. 妥协应当能带来比不妥协更多好的结果。
6. 妥协前，可寻求对方的保证。
7. 妥协不是讨好他人。
8. 妥协要注意时机，不要在一开始的时候就做出妥协。

9.6 取得共识

——有共识，才能有共赢。

当团队成员全部都赞成某个决定，那么整个团队便达成了共识。

团队成员为取得共识，应做到以下几个方面的内容。

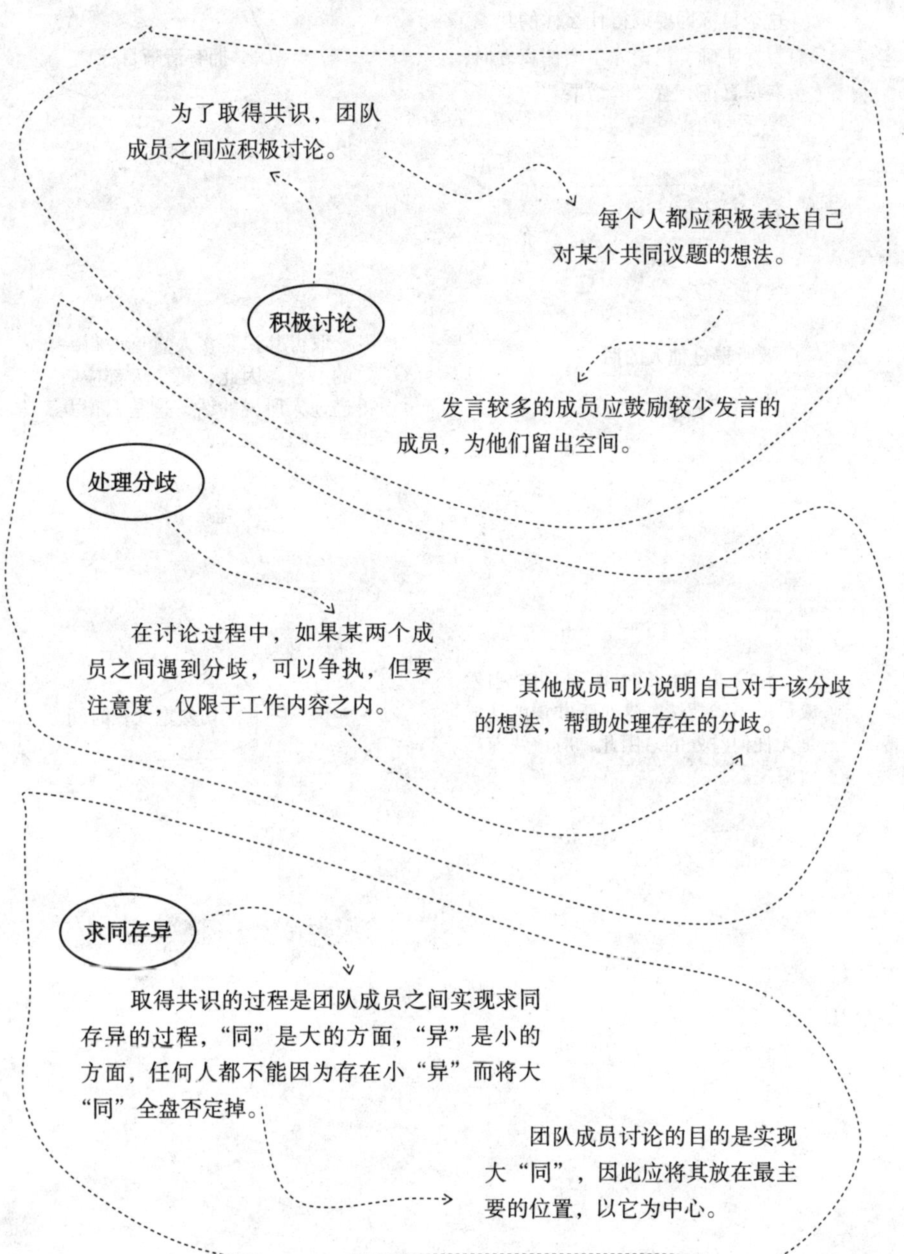

团队成员在取得共识过程中，应注意以下三个方面的内容。

拥有清晰目标

这个目标即要取得什么样的共识。只有目标明确，讨论才不会偏离方向，才会获得真正有意义的结果。

要听得进他人的话

取得共识是多人意见取得一致的过程，因此，每个人都应听得进他人所说的话，这是取得共识的基础。

切勿拖太长时间

讨论进行太长时间，很可能引发成员的不满情绪，这对于共识的达成是无任何益处的。因此，应该快速高效解决。